상위 1% 자산가들이 찾는
세무사가 알려주는

모르면 끝장나는
코인투자 세금

일러두기

* 본문에 소개한 법은 국가법령정보센터의 자료를 기준으로 작성했습니다. 또한, 독자의 이해를 돕기 위해
  원문의 줄임말을 풀어쓰는 등 의미를 해치지 않는 선에서 일부 내용을 수정했음을 밝힙니다.
* 이 책은 2025년 5월 기준으로 집필되었습니다.

상위 1% 자산가들이 찾는 세무사가 알려주는

모르면 끝장나는 코인투자 세금

tax

이장원 지음

거인의 정원

대비하지 않으면
코인으로 번 돈 모두 잃는다

　필자는 지금까지 가상자산뿐만 아니라 국내주식, 해외주식 그리고 부동산까지 폭넓게 경험해 왔다. 이 네 투자군을 두루 경험해 온 이유는 본업인 자산가의 자산관리와 관련한 법 및 세금 정책을 실제로 경험함으로써, 각 투자군에서 세금 때문에 고민하는 고객과 원활히 대화하기 위해서다.

　이미 일반적인 과세를 넘어 중과세를 적용받는 부동산 시장에서는 세금 및 부동산 자산관리에 관한 질문이 몇 년째 끊임없이 쏟아지고 있다. 거액의 부동산을 취득, 보유, 양도, 상속 및 증여하는 과정에서 거래비용이라는 세금이 발생하기 때문이다. 필자는 지난 2017년 8·2대책부터 시작하여, 수많은 부동산 정책에 따라 부동산 시장의 패러다임이 시시각각 변화하는 것을 경험한 바 있다.

투자자뿐만 아니라 모든 국민이 재테크에 지대한 관심을 가지는 대한민국에서, 부동산 시장에 부과된 과도한 세금은 필연적으로 자본의 이동을 가져왔다. 주택 투자자는 양도소득금액의 최대 82.5%까지 과세되는 다주택자 중과 양도소득세를 경험한 이후 똘똘한 한 채만 남기고 다주택을 정리하여 국내주식, 해외주식 그리고 가상자산으로 투자금을 옮겼다.

세금정책도 이에 발맞춰 변화하기 시작했다. 그간 해외주식에는 이미 과세하고 있었지만 국내주식 시장에서 사실상 자본이득에 대한 과세는 대주주에 국한되었고, 가상자산에 대한 과세는 전혀 이루어지지 않았다.

그러나 이 두 가지에 대해서도 '과세' 정책이 반영되면서 국내주식에는 금융투자소득세를, 가상자산에는 가상자산소득세를 과세해야 한다는 논의가 시작되었다. 다행히도 금융투자소득세는 폐지로 가닥이 잡히고 가상자산소득세는 과세 시점이 연장되어, 2027년 1월 1일부터 가상자산을 양도하거나 대여함으로써 발생하는 가상자산소득에 대한 과세가 시작될 예정이다.

가상자산에만 몰입하는 투자자는 '세금'이라는 정부 차원의 제재가 마뜩잖을 것이다. 그러나 세금은 이미 당신을 만나기 위해 문 앞에 와 있다. 어차피 2027년부터 세금을 내지 않으면 문밖으로 쫓겨

날 수밖에 없으니, 문밖의 '세금'에 대해 당연히 알아두어야 한다.

사실 가상자산과 관련한 과세는 오래전에 이미 시작되었다. 다른 것에는 관심 없이 투자에만 몰두하는 대부분의 투자자들이 아직 가상자산과 관련한 세금을 접하지 않았을 뿐이다.

필자는 이미 문밖의 '세금'에 대해 공부하고 전략을 세우는 자산가들과 수많은 상담을 진행하고 있다. 세금의 핵심은 예방적 절세다. 누구보다 앞서 예방적 절세 지식을 갖춘다면 투자수익률은 틀림없이 높아질 것이다. 가상자산에 관심이 많은 독자를 위해, 필자가 직간접적으로 경험한 가상자산 관련 자산관리법과 세금 문제를 빠짐없이 정리하여 책으로 펴내야겠다고 결정한 이유도 여기에 있다.

투자의 최종 수익은 세금이 결정한다. 상대적으로 수익률이 높은 가상자산의 경우 절세 방안을 미리 준비하지 않는다면, '세금 폭탄'이 남의 일이 아닌 내 일이 될 수 있다. 가상자산 투자자들이 자신의 자산을 합법적으로 지키는 데 이 책이 좋은 안내서가 되길 바란다.

이장원

차
례

1부 가상자산 투자자가 취득단계에서 마주하는 세금

2부
가상자산 투자자가
보유단계에서 마주하는 세금

3부
가상자산 투자자가
이전단계에서 마주하는 세금

4부 가상자산 투자자도 알아두어야 하는 세금 기초지식

5부 가상자산사업자에 대해서도 꼭 알아야 할까?

부록

가상자산 투자자가
가장 궁금해하는 질문
TOP 10

Q1 **가상자산을 팔아서 돈을 벌면 세금을 내야 하나요?**

23쪽 참고

현행 「소득세법」에 따르면 2027년 1월 1일부터 가상자산의 양도 및 대여로 발생하는 개인의 소득을 '가상자산소득'으로 보고 과세를 시작할 예정입니다. 과세 시행 예정일을 2025년 1월 1일에서 2년 연장한 세법 개정안이 2024년 통과되면서 가상자산 투자자의 경우 가상자산소득세에 대해서는 한숨 돌렸다고 볼 수 있습니다.

Q2 2027년에 가상자산소득세 과세가 정말 시행될까요?

유사한 형태의 세금 과세 개정이 어떻게 이루어질지 살펴보면 가상자산소득세 과세에 대해서도 가늠해 볼 수 있습니다. 금융투자소득세는 2025년부터 과세가 예고되었지만 여야의 극심한 찬반논쟁 끝에 폐지되었습니다. 하지만 가상자산 투자자는 금융 투자자보다 여론에 미치는 힘이 적다 보니, 2027년 이전에 별다른 일이 없다면 가상자산소득에 대한 과세가 시작될 수 있습니다.

세법은 항상 유사한 제도에서 시스템을 차용하는 경우가 많으니, 가상자산 투자자라면 해외주식 양도소득세 및 부동산 양도소득세의 세법 공부를 간단히라도 해두는 것이 가상자산 관리에 도움이 됩니다.

그런 의미에서, 2027년부터 가상자산소득세를 적용하기로 했지만 그전에 금융투자소득세가 유사한 형태로 부활하여 시행될 수도 있으므로 세법에 지속적으로 관심을 가질 필요가 있습니다.

Q3 가상자산소득세가 2027년부터 과세된다면 어떤 절세 방식을 익혀둬야 할까요?

2027년부터 과세될 가상자산소득세를 절세하는 가장 기본적인 방법은 세 가지입니다.

1 | 기본공제 250만 원 이내에서 차익을 실현한다

가상자산소득세는 1월 1일부터 12월 31일까지 1년 단위로 수익을 합산해서 계산하며 매년 250만 원을 공제받을 수 있습니다. 소액이지만 가능한 한 250만 원 내의 수익을 연말에 실현하여 조금이라도 세금을 줄이는 것이 좋습니다.

2 | 차익과 차손을 상계한다

해외주식처럼 기본공제를 넘어서는 수익에 대해 22%의 단일 양도소득세(20%+지방소득세 2%)를 내기가 부담스럽다면, 손실이 난 가상자산을 같은 해에 양도하여 차익과 차손을 상계하면 됩니다. 가상자산소득세는 당해 연도 1월 1일부터 12월 31일까지의 이익과 손실을 합산하여 계산하기 때문입니다. 손실을 실현한 후에도 해당 가상자산을 장기보유할 생각이라면 재매수하면 되겠지요.

3 | 증여 후 양도하여 취득가액을 높인다

배우자에게 가상자산을 증여할 경우 10년 동안 합산해서 6억 원까지 공제가 가능한데, 이렇게 증여 후 양도(매도)하는 절세전략을 활용할 수 있습니다.

6억 원의 공제 범위 내에서는 부부간에 증여세가 부과되지 않기 때문에 증여 후 배우자가 해당 가상자산을 양도하면 양도차익이 거의 없는 셈이 됩니다. 이는 증여를 통해 취득가액이 증여 시점의 시가로 변경되고, 이 취득가액이 증여자의 취득가액보다 월등히 높았다면 배우자 증여를 통해 그만큼 취득가액을 올려 절세할 수 있기 때문입니다. 하지만 정부는 유사 자산군인 주식의 경우 이 제도를 이월 과세로 막아두었습니다.

이렇게 유사 자산군에 대한 공부를 통해 가상자산 투자에서 절세 할 수 있는 방안을 미리 숙지하는 것은 상당히 중요합니다.

Q4 법인으로 가상자산을 거래하면 2027년 이전에도 세금을 내야 하나요?

84쪽 참고

포괄주의 방식에 따르면 원천과 관계없이 모든 소득을 과세소득 으로 파악합니다. 그리고 내국법인의 「법인세법」에서는 포괄주의 과 세방식을 적용하여 순자산 증가를 과세대상으로 삼습니다. 따라서 내국법인의 가상자산소득은 그 유형과 관계없이 법인세 과세표준에 포함되고, 거주자·비거주자와 달리 현재 과세대상입니다.

개인과 법인의 가상자산 세금제도 비교

구분	개인의 소득세	법인의 법인세
과세대상 소득	가상자산을 양도하거나 대여함으로써 발생하는 소득	가상자산 투자 등으로 인해 발생하는 순자산을 증가시키는 모든 소득
취득원가 평가	① 가상자산사업자를 통해 거래되는 가상자산: 이동평균법 ② 그 외의 경우: 선입선출법	선입선출법
기본공제 금액	250만 원	없음
세율	22%(지방소득세 포함, 단일세율)	9~24%(법인세 누진세율)
차손 이월공제	이월공제 불가능	이월공제 가능
시행시기	2027년 1월 1일 이후	포괄주의에 따라 과세 중

Q5 가상자산에 투자할 종잣돈이 없어서 부모님에게 3,000만 원을 받았는데, 이것도 증여인가요?

네, 증여가 맞습니다. 증여세는 동일인으로부터 10년 이내에 증여받은 1,000만 원 이상의 재산을 합산하여 누적해서 계산합니다. 미성년자인 직계비속은 10년간 2,000만 원, 성년인 직계비속은 5,000만 원까지 증여재산공제를 적용받아 증여세가 발생하지 않습니다.

그러므로 성년 자녀라면 기존에 10년간 증여받은 재산가액이 얼마인지 확인하여, 합산했을 때 증여세 과세대상에 속하는지 계산해 봐야 합니다. 자녀의 나이에 따른 면세점 증여와 최저세율 증여 구간 표를 다음과 같이 정리했으니 참고하세요.

면세점 증여와 10% 최저세율 증여의 비교

구분	면세점 증여		최저세율 증여	
	증여재산가액	증여세	증여재산가액	증여세
0세	2,000만 원	0원	1억 2,000만 원	1,000만 원
10세	2,000만 원	0원	1억 2,000만 원	1,000만 원
20세	5,000만 원	0원	1억 5,000만 원	1,000만 원
30세	5,000만 원	0원	1억 5,000만 원	1,000만 원
합계	1억 4,000만 원	0원	5억 4,000만 원	4,000만 원
부의 이전 액수	1억 4,000만 원			5억 원

Q6 자녀에게 가상자산으로 증여하고 싶은데,
미성년자에게도 가능한가요?

현재 대한민국에서는 미성년자의 주식계좌는 개설할 수 있지만, 가상자산계좌 개설은 불가능하므로 일반적으로는 성년이 된 이후에만 가상자산을 증여할 수 있습니다.

태어난 자녀 이름으로 된 은행계좌를 개설해 2,000만 원을 증여한 후 아이가 성인이 될 때까지 꾸준히 현금을 증여하여, 성년이 되었을 때 안전성이 높은 가상자산을 매수하게 하는 식으로 증여설계를 할 수 있습니다.

성년이 된 이후 자녀가 증여받은 현금으로 매수한 가상자산이 미래에 가치가 많이 오르더라도 그에 따른 가치상승분에 대해서는 추가로 증여세가 발생하지 않기 때문에, 가상자산을 활용한 증여 전략을 잘 세우면 자녀에게 큰 마중물을 마련해 줄 수 있습니다. 이미 많은 가상자산 투자자가 이미 도래한 가상자산 시대를 맞이해 자녀에게 가상자산을 활발히 증여하고 있습니다. 개인지갑을 활용하여 미성년자 자녀에게 증여하는 것은 물론 가능합니다. 부모의 개인지갑에서 자녀의 개인지갑으로 송금한 내역을 토대로 증여와 관련한 서류를 제공하면 됩니다. 그러나 자녀의 개인지갑에 있는 가상자산을 미래에 어떻게 현금화할 것인지에 대한 고민이 필요합니다.

Q7 가상자산으로 큰돈을 벌었는데, 이 돈으로 주택을 사기 전에 조심할 것이 있나요?

가상자산은 등락이 큰 편이고 세금이 과세되지 않습니다. 그러다 보니 가상자산소득으로 이와 반대되는 형태의 자산이자 세금을 필히 수반하는 부동산, 그중에서도 주택을 취득할 때 세무사와 꼭 상담하라는 말을 들었다며 필자에게 상담을 요청하는 사례가 많습니다. 특히, 고급 주택 구매 시 필연적으로 세금 문제가 발생할 것을 알고 중개법인에서 필자에게 상담을 신청하는 경우가 대다수입니다.

2017년에 발표된 8·2대책 이후로 수많은 부동산 대책이 쏟아졌으며, 그중 하나가 바로 부동산 취득 시 의무적으로 제출해야 하는 '주택취득자금 조달 및 입주계획서(자금조달계획서)'입니다. 거래 당사자는 부동산의 매매계약 등을 체결한 경우, 실제 거래가격 등 대통령령으로 정하는 사항을 거래계약의 체결일부터 30일 이내에 그 권리의 대상인 부동산 등의 소재지를 관할하는 시장·군수 또는 구청장에게 신고해야 합니다. 그런데 실거래가 신고와 더불어 다음 요건에 해당하는 주택을 취득한 경우에는 취득자금의 조달 방법을 명시한 자금조달계획서를 작성하여 제출해야 합니다.

- 법인 외의 자가 실제 거래가격이 6억 원 이상인 주택을 매수하거나 투기과열지구 또는 조정대상지역에 소재하는 주택을 매수하는 경우
- 추가로, 투기과열지구 내 주택 거래신고 시 거래가액과 무관하게 자금조달계획을 증명하는 서류를 첨부하여 제출해야 함

이는 기존 「부동산 거래신고 등에 관한 법률」의 계약 당사자, 계약 체결일, 거래가액 정보 외에 주택자금조달계획, 입주계획 및 자금출처 확인 등을 통해 증여세 등 탈루 여부를 조사하고, 전입신고 등과 대조하며 확인하여 미신고자, 허위신고자 등에게 과태료를 부과하기 위해서입니다.

Q8 가상자산을 보유한 아버지가 돌아가실 경우, 상속세를 내야 하나요? 이때 가상자산가액은 어떻게 매기나요?

180쪽 참고

가상자산을 보유한 부모님이 돌아가셨을 때 상속세 계산은 필수입니다. 가상자산소득세는 2027년 이후부터 과세대상이지만, 가상자산의 증여 및 상속에 대해서는 이미 과세하고 있기 때문입니다.

부모님이 보유한 가상자산을 증여받거나 상속받을 경우 가상자산의 시가는 다음과 같이 계산합니다(「상속세 및 증여세법 시행령」).

> 「특정 금융거래정보의 보고 및 이용 등에 관한 법률」 제2조 제3호에 따른 가상자산의 경우에는 해당 자산의 거래규모 및 거래방식 등을 고려하여 두 가지 방법으로 평가한다.
>
> 1. 「특정 금융거래정보의 보고 및 이용 등에 관한 법률」 제7조에 따라 신고가 수리된 가상자산사업자(이하 "가상자산사업자"라 한다) 중 국세청장이 고시하는 가상자산사업자의 사업장에서 거래되는 가상자산: **평가기준일 전, 이후 각 1개월 동안에 해당 가상자산사업자가 공시하는 일평균가액의 평균액**

2. 그 밖의 가상자산: 제1호에 해당하는 가상자산사업자 외의 가상자산사업자 및 이에 준하는 사업자의 사업장에서 공시하는 거래일의 일평균가액 또는 종료시각에 공시된 시세가액 등 합리적으로 인정되는 가액

이 중 '국세청장이 고시하는 가상자산사업자'는 2024년 12월 28일 고시되었으며 두나무 주식회사, 주식회사 빗썸코리아, 주식회사 코빗, 주식회사 코인원, 주식회사 스트리미까지 5곳입니다. '평가기준일 전과 이후 각 1개월 동안에 해당 가상자산사업자가 공시하는 일평균가액의 평균액'은 국세청 홈택스 사이트에서 확인할 수 있습니다.

Q9 가상자산과 관련한 세금은 어디에 물어보면 되나요?

233쪽 참고

국세청에서는 가상자산과 관련해 다양한 상담 창구를 제공하고 있습니다. 이를 활용해 본인의 상황에 맞게 공부하는 습관을 들이는 것이 바람직합니다.

1. 국세상담센터 전화번호 126
2. '국세청 홈택스' 사이트(hometax.go.kr) 내 인터넷 상담 코너
3. 국세청 국세상담센터 방문 상담
4. '국세법령정보시스템' 사이트(taxlaw.nts.go.kr)
5. 서면질의 및 세법 해석 사전답변제도

124쪽 참고

세금을 체납하면 「국세징수법」상 절차가 이행됩니다. 독촉 및 납부고지를 받고도 기한까지 세금을 완납하지 않으면 '재산의 압류 → 압류재산의 매각 → 매각대금의 배분(청산)'의 행정처분이 집행됩니다. 가상자산이라고 해서 예외는 없습니다.

가상자산 직접 매각 절차

① 가상자산사업자에게 압류 통지 → 압류: 이전·매매 동결

② 체납자에게 압류한 가상자산의 이전·매각 예정 통지

③ 가상자산사업자에게 압류한 가상자산의 이전 요청

④ 가상자산사업자는 가상자산을 세무서 계정으로 이전

⑤ 세무서장은 가상자산을 매각하여 체납액에 충당

상위 1% 자산가들이 찾는 세무사가 알려주는 모르면 끝장나는 코인투자 세금

가상자산 투자자가 취득단계에서 마주하는 세금

이 책의 주된 목적은 가상자산과 관련해 대중이 접하게 될 자산관리법과 세금에 관해 알려주는 것이다. 가상자산에 관한 여러 사항을 정립하는 과정은 현재 진행 중이지만, 결국 가상자산 투자자라면 현재 진행형인 다양한 가상자산 관련 법에 관해 알아야만 본인의 자산을 지킬 수 있다.

단순히 '2027년부터 가상자산을 사고팔면 세금 납부를 해야 하는구나' 정도로 생각하고 이 책을 접했다면, 생각보다 많은 부분에서 가상자산과 연결하여 큰일(?)이 날 만한 상황이 많다는 것을 곧 깨닫게 될 것이다.

필자는 가상자산 시장의 성장과 함께 현재 가상자산의 취득-보유-이전 단계의 모든 상담을 진행하고 있다. 가상자산에 투자하기 위한 종잣돈을 마련하여 수익을 내고, 그 수익으로 안전자산인 부동산을 구입하거나 수익을 실현하기 전에 증여 및 상속을 시행하는 일련의 과정에서 발생하는 세금까지, 모든 부분을 다룬다.

당신이 마주할 가상자산 관련 법과 세금을 익히는 데 도움이 되도록 이 내용을 '취득-보유-이전 단계'로 나누어 안내하고자 한다. 1부에서는 가상자산 투자자가 가상자산 취득 단계에서 마주하는 세금에 관해 알아보겠다.

01

가상자산이 도대체 뭘까?

    세법에서 정의하는 '가상자산'이 뭔지 간단하게라도 알아야 이 책의 내용을 이해하기 쉽다. 우선 「소득세법」에서는 2027년 1월 1일부터 가상자산의 양도 및 대여로 발생하는 소득을 가상자산소득으로 보고 과세를 시작할 예정이다. 관련 법령을 간단히 살펴보면 다음과 같다.

> **소득세법 제14조【과세표준의 계산】**
> ③ 다음 각 호에 따른 소득의 금액은 종합소득과세표준을 계산할 때 합산하지 아니한다.
>> 8. 다음 각 목에 해당하는 기타소득(이하 "분리과세기타소득"이라 한다)
>>> 다. 제21조제1항제27호 및 같은 조 제2항에 따른 기타소득

소득세법 제21조【기타소득】

① 기타소득은 이자소득·배당소득·사업소득·근로소득·연금소득·퇴직소득 및 양도소득 외의 소득으로서 다음 각 호에서 규정하는 것으로 한다.

27.「가상자산 이용자 보호 등에 관한 법률」제2조제1호에 따른 가상자산(이하 "가상자산"이라 한다)을 양도하거나 대여함으로써 발생하는 소득(이하 "가상자산소득"이라 한다)

'가상자산'의 개념을 「가상자산 이용자 보호 등에 관한 법률」제2조 제1호에서 가져온 것을 알 수 있다. 관련 법을 살펴보자.

가상자산 이용자 보호 등에 관한 법률(약칭: 가상자산이용자보호법)

제2조 (정의) 이 법에서 사용하는 용어의 뜻은 다음과 같다.

1. "가상자산"이란 경제적 가치를 지닌 것으로서 전자적으로 거래 또는 이전될 수 있는 전자적 증표(그에 관한 일체의 권리를 포함한다)를 말한다. 다만, 다음 각 목의 어느 하나에 해당하는 것은 제외한다.

　가. 화폐·재화·용역 등으로 교환될 수 없는 전자적 증표 또는 그 증표에 관한 정보로서 발행인이 사용처와 그 용도를 제한한 것

　나.「게임산업진흥에 관한 법률」제32조제1항제7호에 따른 게임물의 이용을 통하여 획득한 유·무형의 결과물

　다.「전자금융거래법」제2조제14호에 따른 선불전자지급수단 및 같은 조 제15호에 따른 전자화폐

　라.「주식·사채 등의 전자등록에 관한 법률」제2조제4호에 따른 전자등록주식등

　마.「전자어음의 발행 및 유통에 관한 법률」제2조제2호에 따른 전자어음

　바.「상법」제862조에 따른 전자선하증권

사. 「한국은행법」에 따른 한국은행(이하 "한국은행"이라 한다)이 발행하는 전
  자적 형태의 화폐 및 그와 관련된 서비스
아. 거래의 형태와 특성을 고려하여 대통령령으로 정하는 것

2024년 6월 11일 발표된 금융위원회 보도자료*에 따르면 NFT를
가상자산 범위에서 제외할 계획이며 증권, 가상자산 및 NFT의 관계
를 다음과 같이 도식화하여 안내했다.

■ 증권, 가상자산 및 NFT의 관계 ■

증권	가상자산	그외 전자적 증표
· 채무증권 · 지분증권 · 수익증권 · 파생결합증권 · 증권예탁증권 · 투자계약증권	① 대규모 시리즈를 대량 　으로 발행 ② 분할 가능 ③ 지급수단으로 사용 ④ 다른 가상 자산으로 　상호교환	「게임산업법」상 게임머니·게임아이템, 「전자금융거래법」상 선 불전자지급수단·전자화 폐·전자채권, 「전자어음 법」상 전자어음, 「상법」 상 전자선하증권, 한국 은행 CBDC·예금토큰, 모바일상품권 등
증권에 해당하는 NF	가상자산에 해당하는 NFT	개별 법률의 규제 적용
증권, 가상자산 등에 관한 규제가 적용되지 않는 NFT(대체불가능토큰)		

◆　금융위원회 보도자료(2024.6.11.), "NFT(Non-Fungible Token)가 가상자산에 해당하는지 판단할
　수 있는 가이드라인을 마련하였습니다".

가상자산의 정의를 이처럼 간단하게라도 살펴보는 이유는 조세정책상 다양한 형태의 가상자산에 전부 과세할 수 있느냐는 문제가 발생할 수 있기 때문이다. 물론 일반적인 투자자 대다수에게는 해당하지 않는 내용이겠지만, 2024년 상반기 기준으로 780만 명이 이용하는 가상자산 시장에서 과세 기준을 명확히 정립하지 않으면 과세가 시작될 때 시장에 큰 혼란이 야기될 우려가 있다.

과세 문제는 크게 두 가지로 나눌 수 있다. 첫 번째는 법령이 미비하거나 복잡하여 법령의 해석이 문제가 되는 경우이고, 두 번째는 규정이나 법리는 명확한데 거래 사실관계에 따라 해당 규정이나 법리를 적용하는 것이 맞는지를 따지는 사실판단이 문제가 되는 경우다.

첫 번째 경우의 가장 대표적인 사례는 다주택자에 대한 양도소득세 중과세 문제다. 결국 이에 대한 판단은 국세청이 하는 것이고 구체적인 개별 사정을 바탕으로 과세방안을 만들어 집행하기 때문에, 결과적으로는 본인이 지금 과세대상자인지 아닌지도 모르는 상황에서 추후 국세청의 과세처분에 따라 과세와 비과세 등이 결정되는 경우가 존재한다.

그러므로 2027년부터 적용되는 가상자산소득세 과세와 관련해 이후로 수많은 예규와 판례가 생겨날 것이고, 투자자는 이에 대한 과세기준이 여러 차례 변경되거나 신규로 생성되는 경우를 적어도 향후 몇 년간 마주하게 될 것이다.

여기에 더해 국세청은 세금을 부과할 때 과세를 적용하는 국가 기준을 거주자와 비거주자로 나누어서 적용한다. 그러나 '탈중앙화'된

자산인 가상자산의 경우, 실제 소유자가 누구인지와 거래 당사자 및 거래 국가를 어떻게 특정할 수 있느냐가 문제가 될 수 있다.

더 나아가 가상자산을 양도하거나 대여하는 것만으로 소득이 발생하는 것은 아니다. 가상자산 발행업체, 거래소, P2P 플랫폼업체, 가상자산 운용업체 내지 가상자산을 활용한 담보대출업체 등 다양한 가상자산 산업군에는 기존 산업과 다른 거래 형태도 다수 존재한다. 그러나 이에 대해 어떤 식으로 과세할 것인지를 법령으로 명확하게 규정하지 않아 시장의 혼란은 더욱 커질 전망이다.

각설하고, 지금부터 가상자산거래소에서 가상자산을 거래함으로써 소득이 발생하는 단계에서 일반 투자자가 마주하게 될 자산관리법과 세금을 집중적으로 알아보자.

02

국내 가상자산 투자자의 투자금은
얼마나 될까?

주변에서 가상자산 투자로 몇 억 원을 벌었다는 무용담을 종종 듣다 보니, 가상자산 투자는 몇 억 원 단위로만 해야 하는 줄 아는 상담자가 많다. 그러나 실상은 그렇지 않다.

2024년 11월 1일 금융위원회가 발표한 보도자료◆에 따르면 가상자산 시장에서 고객확인의무(KYC)를 이행한 개인고객 778만 명의 67.3%인 524만 명이 50만 원 미만을 보유한 것으로 드러났다. 참고로, 가상자산사업자 실태조사를 최초로 실시했던 2021년 12월 말 기준으로 KYC를 이행 완료한 거래가능 이용자 수는 558만 명이었다.

◆   금융위원회 보도자료(2024.11.1), "2024년 상반기 가상자산사업자 실태조사 결과".

보유자산은 '(보유 가상자산 수 × 해당 가상자산의 시장가격) + 원화 예치금(대기성 자금)'으로 계산했다.

반면에 1,000만 원 이상 자산 보유자 비중은 10.03%(**78.4만 명**)로 2023년 말 대비 0.2%p 이상 감소했으며, 1억 원 이상 보유자 비중은 1.3%(**10.4만 명**)로 나타났다. 연령별로는 30대(**29%**) 〉 40대(**28%**) 〉 20대 이하(**19%**) 〉 50대(**18%**) 〉 60대 이상(**6%**)의 순이었다.

연령대별 보유자산의 규모

구분	보유 없음	50만 원 미만	50만~ 100만 원	100만~ 500만 원	500만~ 1,000만 원	1,000만~ 1억 원	1억~ 10억 원	10억 원 이상
20대 이하	22만 명 (15.1%)	96만 명 (66.7%)	6만 명 (4.0%)	12만 명 (8.2%)	4만 명 (2.6%)	5만 명 (3.2%)	0.3만 명 (0.2%)	0.1천 명 (0.01%)
30대	18만 명 (7.8%)	140만 명 (61.7%)	13만 명 (5.6%)	28만 명 (12.2%)	10만 명 (4.4%)	17만 명 (7.5%)	1.9만 명 (0.8%)	0.6천 명 (0.03%)
40대	19만 명 (8.6%)	120만 명 (54.9%)	13만 명 (5.9%)	30만 명 (13.7%)	11만 명 (5.3%)	22만 명 (10.1%)	3.3만 명 (1.5%)	1.1천 명 (0.04%)
50대	13만 명 (9.7%)	68만 명 (48.5%)	8만 명 (6.2%)	20만 명 (14.8%)	8만 명 (6.0%)	18만 명 (12.5%)	3.2만 명 (2.3%)	1.1천 명 (0.05%)
60대 이상	5만 명 (10.6%)	23만 명 (47.0%)	3만 명 (6.0%)	7만 명 (14.3%)	3만 명 (6.0%)	6만 명 (13.2%)	1.4만 명 (2.9%)	0.6천 명 (0.08%)
전체	77만 명 (9.9%)	447만 명 (57.4%)	43만 명 (5.5%)	97만 명 (12.5%)	36만 명 (4.7%)	68만 명 (8.7%)	10.1만 명 (1.3%)	3.5천 명 (0.03%)
2023년 하반기	57만 명 (8.8%)	360만 명 (55.8%)	39만 명 (6.1%)	90만 명 (13.9%)	33만 명 (5.1%)	59만 명 (9.1%)	7.8만 명 (1.2%)	2.5천 명 (0.04%)

참고로 2027년부터 과세 예정인 가상자산소득세의 기본 계산법은 가상자산 거래를 통해 발생한 이익, 즉 가상자산소득에서 기본공제로 250만 원을 뺀 금액의 22%에 대해 기타소득으로 과세하는 것

이다. 결국 극단적인 차익이 발생하는 경우의 수를 제외하고 보편적으로 과세대상자가 될 수 있는 납세자 수는 보유자산 규모를 500만 원 이상으로 한정할 경우 약 114.5만 명(14.73%)이라고 볼 수 있다.

03

가상자산에 투자할 종잣돈을 부모님에게 몰래 받아도 될까?

본인의 근로소득 또는 사업소득으로 가상자산 투자를 시작할 수
도 있지만, 부모님에게 도움을 받아 투자를 시작하는 경우도 많다.
필자에게 상담을 요청하는 내용도 자녀에게 자산을 현명하게 증여
하기 위한 절세문의가 대다수다.

증여는 살아생전 무상으로 부를 이전받는 것을 말한다. 단순하게
증여받고 나서 증여세 신고만 하면 끝일까? 전혀 그렇지 않다. 무지
한 납세자가 얄은 지식으로 증여를 진행한 결과 세무조사를 받는 사
례가 매년 끊임없이 발생하는 이유다.

여기서 명심할 것은 근로소득자 또는 사업소득자 중에 매년 종합

소득세를 1,000만 원 이상 납부하는 사람은 드물다는 것이다. 그러나 증여세와 상속세는 기본적으로 1,000만 원에서 몇 백억 원까지 과세되는 경우가 태반으로, 금액이 커 평생 한 번에서 두 번 이상 마주하기 어렵다 보니 신경 쓰지 않는 사람이 대부분이다.

그러나 자산가가 가장 두려워하는 세금은 증여세, 상속세, 양도소득세라는 세 가지 세금이다. 평생에 마주할 일이 다섯 번도 안 될 정도로 드물지만, 한 번에 발생하는 세금의 무게가 무거운 만큼 절세할 방법을 찾기 위해 이들이 많은 시간을 들여 공부하고 상담받는다는 사실을 절대 잊지 말자.

증여세는 동일인으로부터 10년 이내에 증여받은 1,000만 원 이상의 재산을 합산, 누적하여 계산한다. 또한, 증여 후 상속이 발생하면 상속개시일 전 5년 이내에 상속인 이외의 자에게, 10년 이내에 상속인에게 증여한 가액을 상속재산에 합산한다. 증여에 따른 이 합산 규정이 상속세와 증여세를 폭발적으로 증가시키는 주범이다.

그러므로 기본적인 증여세 계산법을 익혀 현행법상 10년 주기 증여설계의 절세효과가 얼마나 큰지 이해하는 것이 중요하다. '합산'으로 인한 높은 세액이 부담스럽다면 이를 피하기 위해 하루라도 빨리 증여를 고민하라고 말할 수밖에 없다. 이렇듯 절세전략의 한계는 분명히 존재하지만, 현행 세법에 변화가 없는 이상 이를 적법하게 지켜야 한다는 점을 명심하자.

증여세 계산법

증여재산가액	- 증여일 현재 시가 평가(시가가 없을 시 보충적 평가액)
(-)증여세 과세가액 불산입	- 비과세 재산, 과세가액 불산입 재산 - 과세가액 불산입재산은 국가로부터 증여받은 재산, 공익법인 등이 출 연받은 재산 등 일반적인 증여에는 거의 존재하지 않음
(-)채무 부담액	- 증여재산에 담보된 채무인수액 (채무승계 시 부담부증여가 되며 채무액은 양도소득세 과세대상이 됨)
(=)증여세 과세가액	
(+)증여재산 가산가액	- 증여 전 동일인으로부터 10년 이내 증여받은 1,000만 원 이상의 재산 - 증여자가 직계존속일 경우 배우자 포함
(-)증여재산공제 (10년간 누계 한도)	- 배우자: 6억 원 - 직계존속: 5,000만 원 - 직계비속: 5,000만 원(미성년자 2,000만 원) - 기타 친족: 1,000만 원
(-)감정평가 수수료 공제	- 부동산과 서화·골동품 등 유형 재산은 각각 500만 원 한도 - 비상장주식은 평가대상 법인, 의뢰기관 수별로 각각 1,000만 원 한도

과세표준 (누진세율 및 누진 공제 적용)	과세표준	세율	누진 공제
	1억 원 이하	10%	
	1억 원 초과~5억 원 이하	20%	1,000만 원
	5억 원 초과~10억 원 이하	30%	6,000만 원
	10억 원 초과~30억 원 이하	40%	1억 6,000만 원
	30억 원 초과	50%	4억 6,000만 원

(+)세대 생략 가산액		- 산출세액x30%(미성년자이면서 증여가액 20억 원 초과 시 40%)
(-)세액 공제	기납부 세액공제	- 기 납부 증여 산출세액 공제
	외국납부 세액공제	- 외국에 있는 증여재산에 대해 외국의 법령에 따라 부과받은 증여세
	신고 세액공제	- 증여일이 속하는 달의 말일로부터 3개월 이내 신고 시 산출세액의 3%
(+)가산세	신고, 납부가산세	- 신고: 과소신고는 산출세액의 10%, 무신고는 산출세액의 20% - 납부: 1일당 2.2/10,000
(=)납부할 세액		

04

세법상 가상자산의 '시가'를 활용한 절세비법

증여세 계산식을 보면 증여재산가액은 '증여일 현재 시가 평가'로 계산한다고 되어 있다. 즉, 상속과 증여는 '무상' 이전이므로 자산의 시가를 평가하여 세금을 계산하게 된다. 단순히 현금이나 보통예금을 이전받으면 그 가액이 시가가 되는데, 부모가 보유한 가상자산을 자녀가 증여받을 경우에는 시가를 어떻게 평가할까?

「특정 금융거래정보의 보고 및 이용 등에 관한 법률」**(이하, 「특정금융정보법」)** 제2조 제3호에 따르면, 가상자산의 경우는 해당 자산의 거래규모 및 거래방식 등을 고려하여 두 가지 방법으로 평가한다.

1. 「특정 금융거래정보의 보고 및 이용 등에 관한 법률」 제7조에 따라 신고가 수리된 가상자산사업자(이하 "가상자산사업자"라 한다) 중 국세청장이 고시하는 가상자산사업자의 사업장에서 거래되는 가상자산: 평가기준일 전·이후 각 1개월 동안에 해당 가상자산사업자가 공시하는 일평균가액의 평균액
2. 그 밖의 가상자산: 제1호에 해당하는 가상자산사업자 외의 가상자산사업자 및 이에 준하는 사업자의 사업장에서 공시하는 거래일의 일평균가액 또는 종료시각에 공시된 시세가액 등 합리적으로 인정되는 가액

대한민국의 가상자산사업자 신고 현황은 금융위원회 금융정보분석원에서 주기적으로 공지한다. 2025년 5월 1일 기준으로 신고가 수리된 사업자는 다음과 같다.

업비트, 코빗, 코인원, 빗썸, 플라이빗, 고팍스, BTX, 포블, 코어닥스, KODA, KDAC, 비블록, 오케이비트, 빗크몬, 프라뱅, 보라비트, 오하이월렛, 하이퍼리즘, 오아시스, 커스텔라, 코인빗, 인피닛블록, 디에스알브이랩스, 비댁스, INEX(인엑스), 돌핀, 바우맨 등 27개 사

이 중 "국세청장이 고시하는 가상자산사업자"에 해당하는 곳은 2024년 12월 28일 고시된 두나무 주식회사, 주식회사 빗썸코리아, 주식회사 코빗, 주식회사 코인원, 주식회사 스트리미 등 5개 사다.

국세청장이 고시하는 가상자산사업자 5개 사

상호	사업장 소재지	지정기간	비고
두나무 주식회사	서울시 강남구 테헤란로4길 14	'22.1.1. ~	
주식회사 빗썸코리아	서울시 강남구 테헤란로 124	'22.1.1. ~	
주식회사 코빗	서울시 강남구 테헤란로5길 7	'22.1.1. ~	
주식회사 코인원	서울시 용산구 한강대로 69	'22.1.1. ~	
주식회사 스트리미	서울시 강남구 봉은사로 179	'25.1.1. ~	

가상자산의 시가를 평가하는 방법 중 1번에 속하는, 즉 국세청에서 공식적으로 인정하는 일평균가격은 국세청 홈택스에서 조회할 수 있다.

국세청 홈택스 가상자산 일평균가격 조회 화면(출처: 국세청 홈택스)

만일 오늘이 2024년 12월 25일이고, 오늘 가상자산을 증여받았다면 국세청 홈택스에서 가상자산 일평균가격을 조회할 수 없다. 증여일 이후 1개월 동안에 해당 가상자산사업자가 공시하는 일평균가액을 알아야 평균액을 계산할 수 있기 때문이다. 그래서 증여세 신고기한도 증여일이 속하는 달의 말일로부터 3개월 이내로 정해져 있다.

이를 활용하여 가상자산을 증여하는 시점을 잡아야 한다. 가상자산도 다른 자산들처럼 등락을 반복하므로, 가상자산의 가치가 미래에 다시 오를 것이란 확신이 있다면 저점일 때 일부를 증여하는 것이 가장 기본적인 증여 전략이다.

3차 반감기 이후 비트코인 가격이 하락했을 때 비트코인 증여가 활발히 이루어졌던 이유도 여기에 있다. 가상자산 증여 이후 시가가 증가하더라도 증가한 평가이익에 대해서는 추가로 증여세를 내는 것이 아니라 수증자인 자녀의 몫이 되기 때문이다.

따라서 가상자산을 증여할 시점에 시가가 높게 평가된다면, 증여세를 절세하기 위해 증여를 반환한 후 시가가 낮아진 시점에 다시 증여하는 방법도 있다. 자산가는 이렇듯 가상자산 하락장을 오히려 가상자산을 증여할 기회로 여긴다.

가상자산의 하락이 본질적인 가치 하락이 아닌 시장의 전반적인 하락세에 따른 것이라고 판단할 경우, 우량 가상자산의 시가는 향후 시장 상황에 따라 반등할 것이므로 이때 증여하면 가상자산 가치의 상승에 대한 부까지 이전하는 효과를 볼 수 있다. 이는 일부 상장사 오너가 자녀에게 가업 승계의 기회를 주고자 주가가 조정받는 시점에 주식을 증여하는 것과 매우 유사하다.

단, 가상자산을 반환할 때는 과세되지 않는 시점을 명확히 알아야

한다. 반환 시점이 언제인지에 따라 재차 증여하는 행위에 다시 증여
세가 부과될 수 있기 때문이다.

증여 반환 자산 형태와 반환 시기의 과세 여부

반환 자산 형태와 반환 시기		신고기한 내	신고기한 이후 3개월 내	신고기한으로부터 3개월 경과 후
금전	시기에 관계없음	과세		
금전 외*	최초 증여	과세 안 됨	과세	
	반환 거래	과세 안 됨		과세

*신고기한 내라도 반환하기 전에 법에 따라 결정된 경우에는 과세됨

05

가상자산을 얼마까지
세금 없이 증여할 수 있을까?

미성년자인 직계비속은 10년간 2,000만 원, 성년인 직계비속은 5,000만 원까지 증여재산공제를 적용받아 증여세가 발생하지 않는다. 그 외에 더 큰 금액을 증여한다면 어떻게 증여하는 것이 좋을지 간단히 알아보자.

면세점 증여

면세점 증여는 증여세가 발생하지 않도록 증여재산공제액만큼만 증여하는 방식을 말한다. 여기서 '면세점'이란 세금이 '면세되는 한도'를 가리킨다. 자녀가 태어나는 순간 2,000만 원의 가상자산을 증여한 후 10년 주기로 증여하면, 자녀가 30세로 성년이 될 때까지 4회 증여를 통해 1억 4,000만 원을 증여하여 부를 이전하고 재산 형성의 기초 자금을 마련해줄 수 있다. 0세에 2,000만 원, 10세에 2,000만 원, 20세에 5,000만 원, 30세에 5,000만 원을 증여할 수 있기 때문이다.

앞서 설명했듯이 증여세는 동일인으로부터 10년 이내에 증여받은 1,000만 원 이상의 재산을 합산하고 누적하여 계산한다. 즉, 10년이 지나고 나서 증여하는 것은 합산하지 않고, 증여재산공제액도 초기화되어 재차 적용받을 수 있기 때문에 10년 주기로 증여 설계를 한다.

이렇게 30세로 성년이 될 때까지 4회에 걸쳐 가상자산을 1억 4,000만 원 증여한 후 매년 4% 물가상승률 정도로 가상자산 가치가 상승한다고 가정하면, 자녀는 증여세가 발생하지 않는 상태로 2억 3,000만 원 정도의 재산을 축적할 수 있다. 물론 현재는 미성년자가 가상자산계좌를 만들 수 없기 때문에 성년이 되기 전까지는 현금으로 증여한 후, 해외의 가상자산 ETF나 가상자산과 연동성이 큰 마이크로스트래티지 등의 주식을 구매하는 경우가 많다. 부모의 개인지갑에서 자녀의 개인지갑으로 송금한 내역을 제출하여 미성년자 자녀에게 가상자산을 증여하는 방법도 있지만, 이 경우 미래에 자녀의 개인지갑에 있는 가상자산을 어떻게 현금화할 것인지에 대한 고민이 필요하다.

면세점까지는 증여세 신고를 하지 않아도 증여세 과세표준이 없으므로 당장 증여세 납부액이 발생하지는 않는다. 그러나 다음과 같은 이유로 미래를 위해 증여세를 신고해 두는 것이 바람직하다.

첫째, 증여세 신고를 마친 금액은 수증자의 적법한 재원이 되어 가상자산 등 재산 취득에 제약 없이 사용할 수 있다. 증여의 목적은 대부분 수증자가 증여 재산을 기반으로 재산을 추가로 취득, 증식할 수 있도록 돕는 데 있다. 그러나 증여세 신고를 하지 않으면 해당 금액이 수증자의 적법한 재원으로 즉각 인정되지 않을 수 있고, 이는 추후 가상자산소득을 통한 부동산 등 자산취득 시점에 문제가 되기도 한다. 이 내용은 뒤에서 더 자세히 살펴보도록 하자.

둘째, 과세관청은 특수관계인◆ [4촌 이내의 혈족, 3촌 이내의 인척, 배우자(사실상의 혼인관계에 있는 자를 포함한다), 친생자로서 다른 사람에게 친양자 입양된 자 및 그 배우자·직계비속, 본인이 「민법」에 따라 인지한 혼인 외 출생자의 생부나 생모(본인의 금전이나 그 밖의 재산으로 생계를 유지하는 사람 또는 생계를 함께하는 사람으로 한정한다) 및 직계비속의 배우자의 2촌 이내의 혈족과 그 배우자가 대표적이다.] 간의 금전 거래를 매우 민감하게 살핀다. 이는 상속·증여 세무조사 시 쟁점이 되는 가장 대표적인 항목이다. 이때 과거에 성실하게 신고 의무를 이행한 내역이 있다면, 과세관청에 납세의무자로서 신고 성실도를 입증하는 증거가 될 수 있다.

셋째, 대상 기간이 길어질수록 증여자와 수증자 간에 거래 건수가 많아져 관리가 어려워진다. 이때 미리 신고해 둔 경우라면 기존 신고 내역을 확인하여 장기적인 상속·증여 설계를 간편하게 진행할 수 있다. 만약 신고하지 않은 상태로 증여 거래가 빈번해지면 면세점을 넘어 증여했는지 정확한 가액을 산정하지 못해, 증여세 세무조사 시 가

◆　'특수관계인'이란 본인과 친족관계, 경제적 연관관계 또는 경영지배관계 등 대통령령으로 정하는 관계에 있는 자를 말한다. 이 경우 본인도 특수관계인의 특수관계인으로 본다.

산세를 포함한 추징세액이 발생할 수 있다.

10% 최저세율 증여

부의 이전 목적에 따라 '면세점 증여' 방식은 수증자의 재산을 형성하기에 미흡할 수 있다. 그렇다면 증여세 최저세율 10% 구간인 1억 원까지만 증여한다면 어떨까? 면세점 증여 및 최저세율의 증여를 간단히 비교해 보자.

면세점 증여와 10% 최저세율 증여 비교

구분	면세점 증여		최저세율 증여	
	증여재산가액	증여세	증여재산가액	증여세
0세	2,000만 원	0원	1억 2,000만 원	1,000만 원
10세	2,000만 원	0원	1억 2,000만 원	1,000만 원
20세	5,000만 원	0원	1억 5,000만 원	1,000만 원
30세	5,000만 원	0원	1억 5,000만 원	1,000만 원
합계	1억 4,000만 원	0원	5억 4,000만 원	4,000만 원
부의 이전 액수	1억 4,000만 원		5억 원	

과세표준 1억 원까지는 최저세율 10% 구간을 적용받기 때문에 증여재산공제만 적용받는 면세점 증여에 비해 부의 이전 액수가 월등히 높다. 소액의 세금은 납부해야 하겠지만, 더 큰 부의 이전이 가능하므로 더 효과적인 증여가 가능한 것을 확인할 수 있다.

20% 세율 증여

더 많은 부의 이전을 생각한다면 과세표준 5억 원까지 적용받는 20% 세율 구간도 고려해 보자.

면세점 증여와 20% 세율 증여 비교

구분	면세점 증여		20% 세율 증여	
	증여재산가액	증여세	증여재산가액	증여세
0세	2,000만 원	0원	5억 2,000만 원	9,000만 원
10세	2,000만 원	0원	5억 2,000만 원	9,000만 원
20세	5,000만 원	0원	5억 5,000만 원	9,000만 원
30세	5,000만 원	0원	5억 5,000만 원	9,000만 원
합계	1억 4,000만 원	0원	21억 4,000만 원	3억 6,000만 원
부의 이전 액수		1억 4,000만 원		17억 8,000만 원

면세점 증여에 비해 부의 이전 액수가 월등히 큰 것을 알 수 있다. 증여 재산 종류가 전부 현금이라면 일부는 증여세 납부를 위해 활용하고, 잔여 금액은 가상자산에 투자하는 방안으로 활용할 수 있다.

06

현금 증여 vs. 가상자산 증여, 어떤 방식이 더 효과적일까?

가상자산은 변동성이 매우 크다. 친가상자산 대통령을 선언한 트럼프의 귀환으로 가격이 200~300배 뛰는 밈코인이 등장하는 등 모든 가상자산의 가격이 들썩이고 있다. 이런 상황에서 가상자산 투자자가 세무사에게 물어보는 대표적인 질문이 있다. 바로 코인을 증여하는 것이 나은지, 현금을 증여하는 것이 나은지에 관한 질문이다.

어떤 방식이 더 효과적일까? 물론 가상자산을 증여하기 위해서는 자녀가 우선 성년이 되어야 한다. 성년이 아니면 대한민국에서는 가상자산계좌를 개설하거나 가상자산을 구매할 수 없기 때문이다. 개인지갑으로 증여할 수 있지만 양도 후 현금화가 쉽지 않다.

결론부터 말하면 가상자산 가격이 올라갈 것 같으면 현금 증여,

가상자산 가격이 떨어질 것 같으면 가상자산 증여가 낫다. 가상자산 가격이 올라갈 것 같으면 가상자산을 증여해서 가치 증가분을 수증자인 자녀가 누려야 맞는 것 같은데, 왜 그럴까? 2024~2025년에 급격한 상승세를 보였던 가상자산 '엑스알피(리플)'를 예시로 살펴보자.

현금 증여

먼저 성년 자녀에게 현금 1억 5,000만 원을 증여했다고 가정하자. 10년간 기존에 증여한 것이 없다면 10년 공제한도인 5,000만 원이 공제되고, 1억 원에 대해 과세표준에 따라 10%인 1,000만 원에서 신고세액공제 3%를 제한 970만 원을 증여세로 납부해야 한다.

이렇게 1억 5,000만 원의 현금을 증여받은 자녀가 엑스알피를 2024년 11월 중순 개당 700원가량에 매수했다고 하면 약 21만 4,000개를 구매할 수 있다.

증여세 과세표준

현행		2025년(개정 시행 예정)	
1억 원 이하	10%	2억 원 이하	10%
5억 원 이하	20%	5억 원 이하	20%
10억 원 이하	30%	10억 원 이하	30%
30억 원 이하	40%	10억 원 초과	40%
30억 원 초과	50%		

가상자산 증여

그런데 1억 5,000만 원 상당의 엑스알피를 2024년 11월 중순 즈음 증여받았다고 해보자. 그때 엑스알피 가격은 700원대를 횡보하다가 급상승하더니 1,000원, 2,000원… 계속 급격히 상승해 12월 초에는 3,500원에 육박했다. 이것이 가상자산의 엄청난 변동성이다.

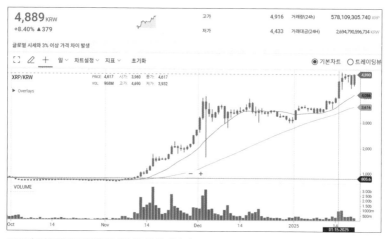

2025년 1월 20일 기준 엑스알피의 일봉 차트(출처: 업비트)

자녀에게 가상자산을 증여한 후 가격이 상승했으니 잘됐다고 쾌재를 부르겠지만 실상은 그렇지 않다. 가상자산의 가격상승은 가상자산의 증여재산가액에 모두 반영되기 때문이다. 「상속세 및 증여세법」에서 가상자산의 시가를 어떻게 계산하는지 다시 살펴보면, 가상자산은 '평가기준일 전·이후 각 1개월 동안에 해당 가상자산사업자가 공시하는 일평균가액의 평균액'으로 계산한다. 국세청장이 고시하는 가상자산사업자의 사업장에서 거래되는 가상자산의 경우 홈택스에서 해당 가액을 쉽게 확인할 수 있다. 대표적으로 업비트, 빗썸, 코인원, 코빗, 고팍스 등이다.

국세청 홈택스상 가상자산 일평균가액의 평균액 계산 예시

가상 자산명	기준일자	업비트	빗썸	코인원	코빗	일평균가액의 평균액(원)
엑스알피	20241009	717.6255	717.3001	716.7955	716.7978	717.129725
엑스알피	20241010	723.3232	721.5046	718.9207	720.7374	721.121475
엑스알피	20241011	725.5576	725.6306	726.3019	726.7744	726.066125
엑스알피	20241012	727.4676	727.8072	727.6764	727.7531	727.676075
엑스알피	20241013	722.4636	722.3444	721.696	721.9633	722.116825
엑스알피	20241014	722.5004	722.8327	721.625	722.5428	722.375225
엑스알피	20241015	734.8455	734.592	734.469	734.942	734.712125
엑스알피	20241016	735.3053	734.4446	733.9781	733.8503	734.394575
엑스알피	20241017	753.9384	753.7744	753.6972	755.5901	754.250025
엑스알피	20241018	743.9757	744.4339	743.1415	744.3891	743.98505
엑스알피	20241019	744.4055	744.3839	744.5362	744.6882	744.50345
엑스알피	20241020	739.8955	739.7497	739.2666	739.628	739.63495

증여는 11월 중순에 했지만, 10월 중순부터 12월 중순까지의 엑스알피 가격이 전부 확정될 때까지 기다렸다가 그 평균액으로 증여재산가액을 계산해야 한다. 이렇게 평균가격을 계산하니 1,400원 정도가 나온다. 그렇다면 똑같은 가액으로 증여할 수 있는 엑스알피 개수는 절반인 10만 7,000개가량으로 줄어든다.

여기서 중요한 것은 엑스알피 개수가 10만 7,000개로 줄어드는 것이 아니라, 원래는 1억 5,000만 원 정도를 증여하려고 했던 것이 두 배인 3억 원을 증여한 것으로 바뀔 수 있다는 것이다. 11월 중순 시점에 개당 700원이라는 가격에 약 21만 4,000개의 엑스알피를 증여했는데, 이에 대한 가액이 12월 중순 이후에 개당 1,400원으로 확정되었기 때문이다.

결국 1억 5,000만 원에 대한 증여세 970만 원을 생각했던 납세자는 갑자기 3억 원에 대한 증여세 3,880만 원을 납부해야 하는 상황에 처하게 된다. 증여재산가액은 두 배 증가했지만 증여세는 네 배나 증가하니 당황스러울 수밖에 없다. 게다가 증여세는 수증자가 납부하는 세금이니, 수증자인 자녀가 경제적 여력이 부족하다면 가상자산을 매도하여 증여세를 납부해야 한다.

반면 1억 5,000만 원을 자녀에게 현금으로 증여한 후 700원에 엑스알피를 21만 4,000개를 취득하도록 한 납세자는 12월 중순 기준 3,500원으로 가격이 5배나 상승한 엑스알피의 놀라운 수익률을 보며 흐뭇한 미소를 짓고 있을 것이다. 증여세는 현금납부로 끝났고, 취득할 때 1억 5,000만 원이었던 엑스알피는 7억 5,000만 원이 되었기 때문이다.

이처럼 급격한 가상자산 가격상승은 예측하지 못한 증여세 증가를 가져오기도 한다. 그러므로 가상자산을 증여하려 한다면 현금을 증여해서 가상자산을 사게 할 것인지, 아니면 가상자산 자체를 증여할 것인지 반드시 고민해 봐야 한다.

물론 가상자산의 한 달 후 가격을 예측하기는 무척 어렵기 때문에 의사결정이 쉽지는 않다. 그러나 가격이 오를 것으로 예측된다면 현금을 증여한 후 직접 가상자산을 구입하게 하는 것이 훨씬 낫다는 점을 잊지 말자.

07

2024년부터 혼인 및 출산 시 가상자산 1억 원 더 증여

한 결혼정보회사의 설문조사 결과 2023년 평균 결혼 자금은 3억 3,000만 원으로 나타났다. 이렇게 결혼 준비에 필요한 자금이 높다 보니 결혼을 준비하는 것 자체가 쉽지 않다. 그에 따라 삶의 기반을 마련하지 못한 자녀 세대의 혼인율, 나아가 출산율은 바닥으로 더욱 거세게 곤두박질치고 있다.

이에 국가에서도 부랴부랴 조세 지원 대책을 마련했는데, 2024년 1월 1일부터 「상속세 및 증여세법」에 신설 적용된 '혼인·출산 증여재산공제'**(이하 '혼인출산공제')**가 바로 그것이다. 혼인출산공제는 직계존속이 혼인 및 출산과 관련하여 직계비속에게 1억 원의 공제 한도를 적용하여 증여할 수 있는 제도다.

기존에는 성인 자녀가 10년간 5,000만 원까지만 공제받을 수 있는데, 기존 공제액과 별개로 1억 원의 공제를 추가로 받을 수 있으니 사실상 혼인출산공제를 통해 결혼 및 육아자금의 부담을 많이 덜 수 있게 되었다고 볼 수 있다. 직계존속으로부터 받는 것이기 때문에 부모 세대뿐만 아니라 조부모 세대로부터도 받을 수 있으니 이 점을 적극 활용하자.

신랑측 혼인출산공제 1억 원과 10년간 증여재산공제 5,000만 원에 신부측도 똑같이 1억 5,000만 원을 증여받으면 총 3억 원까지는 증여세 없이 혼인 및 출산 관련 비용으로 지출할 수 있다.

'혼인'과 '출산'이라는 전제가 있으므로 증여일을 유념할 필요가 있다. 혼인의 경우 혼인신고일 이전 2년부터 이후 2년까지 기간 내에 증여해야 하고, 출생의 경우에는 출생일 또는 입양일로부터 2년 이내에 증여해야 한다.

가상자산과 혼인 및 출산이 무슨 연관성이 있나 싶을 것이다. 그러나 가상자산 투자를 위한 종잣돈 마련에 혁혁한 공헌을 할 수 있으니, 적극 활용하도록 하자.

꼭 혼인 및 출산 용도로만 써야 하나?

사실상 혼인 및 출산 자금 용도로 범위를 설정하는 것 자체가 불가능에 가깝기 때문에 지출 용도를 제한하지는 않는다. 용도를 제한하는 순간 납세자뿐만 아니라 과세관청도 엄청난 사후 관리에 따르는 불편함과 불필요한 행정비용을 수반해야 하므로 사용처에 대해서는 아예 관리하지 않는 것으로 방향을 잡았다.

이는 곧 증여받은 재산을 가상자산 투자에 종잣돈으로 활용할 수 있음을 뜻한다. 공제 이름은 혼인출산 공제이지만, 해당 공제를 활용하여 사업을 하거나 투자 재원으로 활용하려는 상담이 늘고 있는 것도 사용에 제약이 없다는 장점을 활용한 사례다.

혼인 공제를 받은 뒤 남녀가 헤어지면?

남녀가 부부의 연을 맺기로 약속했지만 언제든지 사이가 갈라질 수 있다. 이에 과세관청은 '혼인신고 전'의 상황에 대한 반환 특례를 같이 입법했다. 즉, 혼인 공제를 적용받은 재산을 '혼인할 수 없는 정당한 사유'가 발생한 달의 말일부터 3개월 이내에 증여자에게 반환 시 처음부터 증여가 없던 것으로 본다. 여기에서 '정당한 사유'란 약혼자의 사망, 행방불명, 파혼 등이다.

증여재산가액을 다시 모은 후 반환하기 위해 '혼인할 수 없는 정당한 사유'를 연장하는 상황 등이 펼쳐질 수도 있다. 사실상 예비부부가 헤어졌지만, 세금 문제를 고려하여 헤어진 시점을 미루는 상황이 발생할 수도 있을 것으로 보인다.

만약 혼인 공제 후 해당 증여재산가액을 전부 소비했다면 어떻게 될까? 결국 반환할 수 없는 상황이 펼쳐진다. 이렇게 반환할 수 없는 부분에 대해서는 기존의 일반 증여재산공제 5,000만 원만 적용하여 증여세를 신고해야 한다.

증여세 및 증여일로부터 2년이 되는 날이 속하는 달의 말일부터 3개월이 되는 날까지 수정신고 또는 기한 후 신고를 하면 가산세는 면제되지만 이자는 상당액이 부과된다.

사실혼도 혼인 공제를 적용받을 수 있을까?

사실혼은 혼인 공제를 적용받을 수 없다. 그러나 곧 법률혼을 하게 될 예비부부는 적용 대상에 포함된다고 볼 수 있다. 이번 입법이 이미 혼인 신고를 한 자뿐만 아니라 '혼인신고일 전 2년 이내'에 1억 원의 혼인 공제를 적용하는 것도 포함하기 때문이다. 그러므로 사실혼 관계여도 증여 후 2년 이내에 혼인신고를 한다면 1억 원의 증여재산공제를 인정받을 수 있다. 다만, 증여일로부터 2년 이내에 혼인하지 않으면 추징이 이루어진다.

이와 별개로 혼인한 이후 혼인이 무효가 된다면, 혼인무효 소의 확정판결일이 속하는 달의 말일부터 3개월이 되는 날까지 수정신고 또는 기한 후 신고를 해야 한다.

재혼한 사람에게도 적용될까?

재혼의 경우에도 혼인 공제를 적용받을 수 있다. 해당 입법의 목적이 혼인율을 높이고 나아가 출산율 증가를 도모하는 것이라면, 초혼에만 국한하는 것이 아니라 재혼에도 당연히 똑같은 입법 제도를 적용하는 것이 맞기 때문이다. 2023년 혼인 및 이혼 통계에서도 남녀 모두 재혼율이 15% 내외로 꾸준히 높게 나타나므로 이를 두고 차별하는 것은 제도의 취지와 맞지 않는다.

08

손주에게 가상자산 증여하면
오히려 이득

조부모가 손주에게 자산 증여 시 증여세 산출세액의 30%**(손주가 미
성년자이면서 증여재산가액이 20억 원을 초과하면 40%)**를 가산한다. 다만, 증여자
의 최근친인 자녀가 사망하여 그 사망자의 최근친인 손주가 증여받
을 경우에는 가산하지 않는다.

이는 직계비속 중 손주에 대한 증여의 할증 과세 설명이다. 세금
을 더 내는데 어떻게 절세할 수 있다는 것일까? 30%나 가산되니 누
가 봐도 증여세가 커져 절세와는 거리가 멀어 보이는데 말이다.

현재 대한민국 자산의 40% 이상을 60세 이상이 가지고 있다. 그
러다 보니 자녀가 막 태어났을 때, 부모보다는 60세 이상의 직계존속
인 조부모에게 증여할 여력이 더 많은 것이 사실이다. 이를 잘 활용

하여 가상자산 증여를 고민해 보자.

특히, 다음과 같은 네 가지 상황에서는 할증 과세를 고려하더라도 손주에게 증여하는 것의 이점이 명확하다.

- 재차 증여할 계획이 있는 경우
- 부모 세대에게 증여할 여력이 없는 경우
- 부모 세대가 이미 증여받은 경우
- 조부모 세대의 상속세까지 고민하는 경우

재차 증여할 계획이 있는 경우

할아버지 → 아버지 → 성인 손주, 이렇게 단계별로 5억 원을 증여하면 다음과 같이 2회에 걸쳐 총 1억 6,000만 원의 증여세가 발생한다.

1) 할아버지 → 아버지: 증여세 8,000만 원
2) 아버지 → 성인 손주: 증여세 8,000만 원

이때 증여세를 뺀 금액을 증여하기 때문에 손주에게 증여하는 금액이 줄어들 수 있다. 그러나 할아버지 → 성인 손주로 바로 5억 원을 증여하면 8,000만 원에 30%가 할증된 1억 400만 원이 증여세로 부과된다. 이 경우 할아버지 → 아버지 → 성인 손주로 증여할 때보다 증여세를 5,600만 원 줄일 수 있다.

부모 세대에게 증여할 여력이 없는 경우

만일 부모에게 부를 이전할 여력이 없다면 조부모가 대신 손주의 재산 형성에 도움을 줄 수 있다. 손주의 출생을 축하하며 손주 명의로 계좌를 만들어 증여하거나 손주의 결혼 시점에 증여하는 경우가 대표적이다.

손주의 출생 시점에는 부모 세대도 사회 초년생을 벗어난 지 얼마 되지 않아 증여할 여력이 없는 경우가 대부분이다. 이때 격대교육(隔代敎育, 할아버지와 할머니가 손자, 손녀를 맡아 함께 생활하면서 부모를 대신해 교육하는 것) 하는 마음으로 증여한다면, 손주의 성장 과정에 양분이 되면서 자녀의 양육비 부담도 덜어줄 수 있다.

부모 세대가 이미 증여받은 경우

증여재산공제는 직계존속이 일괄로 10년간 활용할 수 있으며 조부모와 부모 통산 5,000만 원이다. 그러나 증여재산가액을 합산해 세액을 계산할 때는 조부모와 부모를 동일인으로 보지 않으므로 세율 계산도 각각 적용한다.

할아버지가 아버지에게 이미 증여한 가액이 30억 원에 달한다면 추가 증여 시 최고 세율인 50%를 적용받는다. 따라서 절세 효과는 전혀 발생하지 않는다. 이때 취할 수 있는 전략은 아들에게 증여할 경우 높은 증여세율을 피할 수 없으므로, 손주에게 증여해 세율이 낮은 10% 구간부터 증여세가 적용되게 하는 것이다. 이렇게 아들과 손주로 수증자를 분산한 후 미래의 상속세율을 낮추는 전략을 취하면 누진 증여세율을 피할 수 있다.

이를 아버지가 자녀에게 가상자산을 증여하고, 할아버지는 가상자산 증여에 따른 증여세를 현금으로 손주에게 증여하는 방식으로 응용할 수 있다. 아버지에게 가상자산을 증여받은 자녀의 증여세율은 이미 높다. 이때 만약 자녀에게 증여세를 납부할 여력이 없어서 아버지가 증여세 대납을 위한 현금을 다시 증여하면 세액은 합산되어 더 높아질 수밖에 없다. 이 경우 아버지가 아닌 할아버지가 손주에게 증여세로 낼 현금을 증여하여 높은 누진세율을 피하는 것이다.

조부모 세대의 상속세까지 고민하는 경우

상속세를 계산할 때 상속개시일 전 5년 이내에 피상속인이 상속인이 아닌 자에게 증여한 재산가액과 상속개시일 전 10년 이내에 피상속인이 상속인에게 증여한 재산가액은 피상속인의 상속세 과세가액에 가산하게 되어 있다. 이때 상속인과 상속인이 아닌 자는 상속개시일 현재를 기준으로 판단하여 구분하며, 할아버지의 상속개시일 현재 아버지가 생존한 상태라면 손주는 「민법」상 선순위 상속인이 아니다.

상속개시일 10년이 아니라 5년 이내에 '상속인이 아닌 자'에게 증여한 재산가액은 상속재산에 가산되므로, 증여 후 5년이 지나면 손주에게 이미 증여한 재산은 상속세 과세가액에 포함되지 않는다. 이는 만약 고령인 조부모에게서 상속받을 재산의 절세를 계획하고 있다면 꼭 고려해 볼 사항이며, 상속세 절세 측면에서 많은 사람이 실제로 선호하는 방법이기도 하다.

09

가상자산 투자는 내 돈으로,
생활비는 부모님 돈으로?

근로소득 또는 사업소득이 지속적으로 발생하여 이를 가상자산 투자 종잣돈으로 삼아 가상자산을 추매하는 투자자도 있을 것이다. 이런 투자자가 필자에게 물어보는 질문 중 하나는 본인의 소득은 100% 가상자산 투자 종잣돈으로 활용하고, 생활비는 부모님 카드로 해결해도 되느냐는 것이다. 말 그대로 '엄카 찬스'로 생활비를 충당하겠다는 내용이다.

이 질문은 필자의 유튜브 채널은 물론이고 타 방송에서 촬영할 때도 정말 많은 사람이 관심을 가지는 주제여서 조회수도 정말 높게 나온다. 대부분의 사람들이 "자녀가 부모에게 받는 생활비는 증여세 비과세대상이니까 얼마를 받아도 괜찮다. 생활비를 누가 건드리느냐?"

라고 알고 있다. 과연 그럴까?

증여세가 비과세되는 생활비는 무엇일까?

「상속세 및 증여세법」에서는 비과세되는 생활비를 '사회 통념상 인정되는 피부양자의 생활비'로 명시하고 있다. 비과세되는 생활비에 대해 좀 더 자세히 알아보자.

첫째, 납세자는 종종 "얼마까지가 생활비인가?"라고 질문하지만, 생활비에 금액 제한을 두지는 않는다. 사람마다 생활비가 다를 수 있기 때문이다. 어떤 사람은 하루 생활비가 1만 원일 수 있고 또 어떤 사람은 100만 원일 수도 있다. 그러므로 비과세되는 생활비를 가액으로 단정 지을 수는 없다.

「상속세 및 증여세법」제46조【비과세되는 증여재산】
다음 각 호의 어느 하나에 해당하는 금액에 대해서는 증여세를 부과하지 아니 한다.
5. 사회 통념상 인정되는 이재구호금품, 치료비, 피부양자의 생활비, 교육비, 그 밖에 이와 유사한 것으로서 대통령령으로 정하는 것

하지만 생활비 명목으로 받은 금액을 재산을 취득하고 축적하는 행위에 사용한다면 금액의 크기와 상관없이 생활비로 주장할 수 없다. 생활비라고 주장하면서 이 금액을 가상자산, 주식, 토지, 주택 등의 매입 자금이나 정기예금으로 축적한 경우에는 자산 형성을 이룬

것으로 보아 명백히 증여로 판단하기 때문이다.

둘째, 증여자에게 수증자의 부양 의무가 있는 상태여야 한다. 수증자인 자녀가 소득이 없거나 자력으로 생활이 어렵다면 증여자인 부모에게 부양 의무가 있다고 볼 수 있다. 그러나 근로소득 또는 사업소득 등 경제적으로 능력이 있는 자녀가 '엄카 찬스'를 쓴다면, 추후 자금출처 조사 등을 통해 이 사실이 드러났을 때 증여세 추징을 피하기 어려울 것이다.

나아가 경제력이 충분한 부모가 있음에도 손주가 조부모에게 생활비를 받는 경우에는 조부모에게 손주를 부양할 의무가 없으므로 생활비에 해당하지 않는다고 본다.

셋째, 생활비는 필요시마다 직접 충당해 주어야 한다. 몇 년 치 생활비를 일시에 받았다는 주장은 비과세 조건을 충족하지 못할 수도 있다. 이는 결국 일부는 생활비로 활용했더라도 그 외에 남은 돈으로 재산을 형성했다고 볼 수 있기 때문이다.

생활비를 펑펑 줘도 한 번도 의심받은 적이 없다?

자녀나 손주에게 생활비를 펑펑 줬는데도 세무서로부터 한 번도 연락받은 적이 없는데 무슨 소리냐고 할 수도 있다. 그러나 생전에 증여한 재산에 대해 증여세를 추징하는 경우보다, 증여자가 사망하여 상속세 신고 및 조사가 이루어질 때 기존 증여재산을 전부 사전증여재산으로 보아 거액의 증여세 및 상속세 추징이 발생하는 경우가 허다하다.

상속세를 조사할 때 증여세를 추징한다니 무슨 말인가 싶을 수 있다. 이 말을 이해하려면 「상속세 및 증여세법」의 계산 원리의 '합산'이란 제도를 먼저 이해해야 한다. 우선 증여세의 경우, 증여 후 10년이내에 재차 증여하게 되면 모든 증여를 다시 합쳐서 계산하는 '합산'과정을 거쳐 증여재산가액이 높아지고 이에 따라 최대 50%의 높은 누진세율이 적용된다.

상속의 경우에도 마찬가지로 증여 후 증여자의 상속이 발생하면 10년 이내에 상속인에게, 5년 이내에 상속인 이외의 자에게 증여한 재산가액은 전부 상속세 계산 시 '합산'하여 차액분에 대한 추징을 받게 된다. 그래서 예전 증여 시점에는 10%의 증여세율을 적용받았어도, 현재 상속세 계산 시에 세율이 50%라면 차액인 40%를 상속 시점에 추가로 신고하고 납부해야 한다.

따라서 상속세 신고 시 먼저 10년 내 증여내역 중 해당 가액이 생활비인지 아닌지를 건별로 소명해야 한다. 소명이 불가능할 경우 이를 비과세대상이 아니라 과세대상인 증여재산가액으로 보아, 당시 납부하지 않은 증여세 및 그에 따른 신고불성실 가산세와 납부지연 가산세가 추징된다. 게다가 상속세 계산에 다시 합산되어 상속세 및 그에 따른 신고불성실 가산세와 납부지연 가산세도 추가로 납부해야 한다.

그럼 '상속세 신고 때 사전증여 사실을 신고하지 않으면 되는 것 아니냐'라고 생각하는 사람이 있을 수 있다. 그러나 상속세는 신고로 모든 절차가 끝나지 않는다. 국세청은 상속세 신고 후 9개월 이내에 상속세에 관한 세무조사를 시작하여 10년간 피상속인이 상속인 및 상속인 이외의 자와 주고받은 모든 금융명세를 파악하고, 이를 통해 증여세 및 상속세를 추징한다.

상속세 세무조사는 10주에서 석 달 가까이 진행되며 계좌를 아주 꼼꼼하게 검토하므로 거액의 증여세 추징이 뒤따르는 경우가 많다. 이러한 상속세 세무조사를 한 번이라도 경험하면 "자녀에게 돈을 줘도 안 걸린다"라는 말을 쉽사리 하지 않게 된다.

문제는 대부분의 투자자가 아직 상속을 경험하기 전이어서 자녀에게 돈을 줘도 안 걸린다고 생각하고, 세무서가 해 봤자 얼마나 알아낼 수 있겠느냐는 식으로 안일하게 대처한다는 점이다.

그럴 때면 필자는 약 2억 7,000만 원의 세액을 추징받은 납세자의 이야기를 들려주곤 한다. 이는 10년에서 살짝 모자란 9년 11개월 28일 전의 증여 사건이 상속세 때문에 포착된 경우로, 원 증여재산가액은 3억 원이었지만 당시에 내지 않은 증여세 및 신고불성실 가산세와 납부지연 가산세, 그리고 10년 내 증여라서 상속재산에 추가되어 적게 납부한 상속세 및 상속세 과소신고 가산세와 납부지연 가산세까지 매년 차곡차곡 쌓여서 합계 2억 7,000만 원이 추징된 사례다.

이미 증여받은 계좌내역에서 10년 치를 지우는 것은 불가능하다. 그러니 혹여 생활비 이체를 가볍게 여겨왔다면, 지금이라도 생활 속 증여지식을 가슴속에 새기고 증여 및 투자를 하도록 하자.

10

부모님에게 가상자산 투자금을 빌렸다는 말을 과연 믿어줄까?

증여가 아니라, 부모님에게 가상자산 투자를 위한 종잣돈을 일시적으로 빌린 후 수익이 발생하면 갚겠다고 차용증을 쓰는 경우가 있다. 그런데 이렇게 빌린 금액이 '실제로' 빌린 금액인지 아니면 '가짜로' 빌린 금액인지 알 수 없다는 점에서 과세관청과 오해가 생길 수도 있다. 부모님에게 자금을 빌릴 예정이라면 다음의 사항을 명심하자.

자녀의 경제적 능력에 맞게 대여금을 설정한다

합리적인 경제인이라면 돈을 빌려주고 그에 따른 원금과 이자를 돌려받는다. 즉, 원금 손실이 발생하지 않을 것이라는 믿음으로 돈을 빌려주고 그 대가로 이자를 받는다. 그런데 돈을 빌리려는 사람에게 경제적으로 자립할 능력이 없다면 과연 그 사람에게 돈을 빌려줄 것인가? 그리고 '그 사람'이 본인의 자녀라면, 돈을 빌려준 것이지 증여한 것은 아니라고 주장했을 때 이를 과세관청에서 믿어줄 것인지 반문해 보길 바란다.

최근 특수관계인 간에 편법증여 의심 사례로 조사된 사례를 살펴보자.

■ 특수관계인 간 대여금 거래 의심 사례 ■

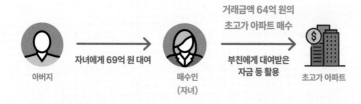

매수인은 특수관계인(아버지)으로부터 총 69억 원을 차용하고 그중 약 50억 원을 본 건의 아파트 매수자금으로 활용하여, 차입금 형태의 편법증여가 의심되는 사례로 국세청에 통보되었다.

해당 사례가 국세청에 통보된 이유는 바로 돈을 빌린 자녀가 아버지로부터 대여한 69억 원의 원금 및 이자 변제능력에 대한 의심을 샀기 때문이다.

차용증은 기본 중의 기본! 차용증부터 작성한다

부모 자식 간에 돈을 빌려줄 때 아직도 일정한 차용증 또는 금전 소비대차 계약서를 안 쓰는 경우가 있다. 실제 변제에 대한 각종 약정(**당사자 인적사항, 대여금, 대여이율, 대여금 분할 변제 여부, 변제기한 등**)을 기입한 금전소비대차 계약서도 없이 자녀에게 돈을 대여해 줬다고 주장한다면, 법에서는 사실상 대여로 인정받기가 어렵다.

취득자금 소명 업무를 진행하는 과정에서 가장 흔히 파생되는 세무조사는 부모로부터 유입된 취득자금이 증여 대상인지, 아니면 금전 대여인지에 대한 세무조사다. 그러므로 이 내역이 '금전 대여'라는 것을 입증할 수 있는 증거를 마련해 두는 것은 기본 중의 기본이다.

여기서 더 나아가 차용증이 사후에 작성되었는지 여부도 확인한다. 따라서 차용증 작성 시점에 공증법률사무소에 가서 공증 또는 확정일자를 받거나, 우체국 내용증명이나 이메일 발송, 채권자와 채무자의 인감증명서 발급 및 보관 등의 방법으로 차용증 작성 일자를 확실히 할 필요가 있다.

차용증 내용에 맞게 세법에 맞춰 원리금을 상환한다

차용증만 구비하면 금전 대여라는 것을 입증할 수 있을까? 그렇지 않다. 과세관청은 기본적으로 특수관계인 간 금전 대여 거래를 판단할 때, 객관적이고 구체적인 입증 자료를 종합적으로 판단한다.

첫째, 작성된 차용증의 내용대로 원리금 상환이 이루어졌는지 확인한다. 즉, 차용증의 상환 일정에 맞춰 정해진 대로 원리금을 상환했다는 것을 입증할 수 있어야 한다. 그러므로 반드시 계좌이체를 통해 원리금을 지급하고 통장 메모에 원리금 상환임을 명확하게 기록하는 것이 중요하다.

둘째, 채무자의 이자 비용은 곧 대여자의 이자소득이다. 일반적인 사채(私債)의 경우에는 '비영업 대금의 이익'으로 간주하여 소득세 25%와 지방소득세 2.5%를 포함한 총 27.5%의 세율로 원천징수 한후 나머지 금액을 이자로 지급해야 하고, 대여자는 수령한 이자소득에 대해 소득세를 신고해야 한다.

이처럼 금전 대여에 대한 입증 책임은 이를 주장하는 납세자에게 있으므로, 차용증과 같은 요식 행위뿐만 아니라 그 내용을 기반으로 한 이자 지급 내역 등을 통해 금전 대여라는 사실을 상당한 정도로 입증해야 한다. 누가 부모와 자식 간에 돈을 빌리면서 이자소득세 원천징수를 하느냐고 말하는 사람들을 간혹 만난다. 그런데 오히려 자산가는 차용이 아니라 증여일 때 더 높은 세금이 추징될 수 있다는 사실을 잘 알기 때문에, 월마다 이자소득에 대한 원천징수 및 매년 종합소득세 신고 기간에 이자소득에 대한 종합소득세 신고를 아주 철저하게 챙긴다.

추징의 위험을 피하기 위해서는 기준점을 과세관청 기준에 맞추는 것이 목적에 적합하다는 점을 절대 잊지 말자.

금전의 무상 대여 또는 저리 대여는 증여세 과세대상이 된다

무상으로 금전을 차입하거나 법에서 정한 적정이자율에 미달하는 이자율로 금전을 차입하는 경우에는 금전을 대출받은 날에 다음과 같이 계산하여 그 금전을 대출받은 자의 증여재산가액을 산정한다. 다만, 해당 증여재산가액이 1,000만 원 이상인 경우에만 증여세를 과세한다.

• 무상으로 금전을 차입하는 경우
증여재산가액 = 대출금액 × 법에서 정한 적정이자율(연 4.6%)

• 적정이자율보다 낮은 이자율로 금전을 차입하는 경우
증여재산가액 = 대출금액 × 법에서 정한 적정이자율(연 4.6%) - 실제 지급 이자상당액

'채무자가 실제 지급한 이자상당액'이란 차입에 대한 반대급부로서 금융거래 내역 등으로 입증 가능한 금액만을 가리킨다. 따라서 당사자 간에 쓴 차용증이나 사인(私人) 간에 작성한 문서 등에 지급하기로 예정되었다는 사유만으로는 실제 이자 지급이 이루어진 것으로 인정받지 못한다.

이러한 금전 무상 대출에 따른 증여세는 원칙적으로 직계존비속 등 특수관계 여부에 상관없이 적용되지만, 특수관계인이 아닌 자 간

거래일 때는 거래의 관행상 정당한 사유가 없는 경우에 한정하여 적용된다. 이 부분과 관련하여 상담자로부터 많이 받는 질문을 Q&A로 함께 살펴보자.

Q. 수차례 나누어 빌린다면 괜찮지 않을까?

금전 무상 대출에 따른 이익의 증여를 계산할 때, 증여일부터 소급하여 1년 이내에 여러 차례 나누어 대부받은 경우에는 대출받은 날 각각을 기준으로 계산하여 과세기준인 1,000만 원 초과 여부를 판단한다.

만일 대출 기간이 정해지지 않은 경우에는 1년으로 보고, 1년 이상인 경우 1년이 되는 날의 다음 날에 매년 새로 대출받은 것으로 보아 해당 증여재산가액을 계산한다.

적정이자율은 2016년 3월 21일 개정된 이후로 변경된 것이 없다. 추후 변경될 경우에는 변경된 적정이자율 이후 증여받은 부분에 대해서만 변경 후 적정이자율이 적용되고, 그전의 금전 대여에 대해서는 변경 전 적정이자율이 적용된다.

Q. 금전 순수 증여와 저리 대여로 과세되는 경우의 차이점은 무엇일까?

적정이자율과 실제로 적용받는 이자율에 따른 이자의 차이가 과세기준인 1,000만 원을 초과하려면, 실제로 지급한 이자가 0원이라고 가정할 때 차입 원금에 상당하는 금액이 2억 1,739만 원 이상이 되어야 한다.

이렇게 차입원금이 해당 가액에 미달하거나, 아니면 저리로 대여하여 이자 지급이 적어도 금전 차입 거래라고 주장하는 경우에 증여 문제가 발생하지는 않을까?

다음의 증여세 세무조사 사례를 통해 금전 순수 증여와 저리 대여로 인한 증여세 부담을 비교해 보자.

사례 전제조건

구분	내용	구분	내용
증여자(채권자)	어머니	수증자(채무자)	딸
차입 원금	8억 원	차입 일자	2022.12.25.
이자 지급액(월)	100만 원	자금 출처 소명 요청	2024.12.25.

① **순수 증여 거래로 보는 경우**: 딸에게 지난 10년 동안 증여자로부터 기존 증여가 없었다면 해당 차입 금원 전부가 증여재산가액이 되므로, 증여재산공제로 5,000만 원을 공제하고 증여세를 과세한다.

② **저리 대여 거래로 보는 경우**: 다음 계산에 따라 증여재산가액을 산정하고 해당 가액이 1,000만 원 이상인 경우 증여세를 과세한다.

연간 증여재산가액 2,480만 원＝차입액(8억 원)×적정이자율(연 4.6%)-1,200만 원(실제 지급 이자)

이를 표로 계산하여 비교하면 다음과 같다.

일반 증여 거래와 금전 대차 거래의 세금 차이

구분		일반 증여 거래로 보는 경우	금전 대차 거래로 보는 경우
증여재산가액		8억 원	4,960만 원
(-)	증여재산공제	5,000만 원	5,000만 원
(=)	과세표준	7억 5,000만 원	-
(×)	세율	30%-6,000만 원	
(=)	산출세액	1억 6,500만 원	-
(+)	가산세	3,300만 원(신고불성실 20%) + 약 2,900만 원(납부불성실 2년간)	-
(=)	납부세액	약 2억 2,700만 원	-

위 상황에서 과세관청의 주장대로 금전소비대차 행위를 순수 증여로 보는 경우, 딸이 어머니로부터 대여한 8억 원은 전액 증여재산가액이 되어 추징될 증여세는 약 2억 2,700만 원이 된다.

반대로 실질에 따라 금전소비대차거래로 인정받는다면 적정 이자 지급액과의 차액인 2,480만 원이 최초 1년간의 증여재산가액이 되고, 현재 2년이 된 시점이므로 총 4,960만 원이 증여재산가액이 된다. 따라서 증여재산공제를 한 뒤에는 추징될 증여세가 없다.

해당 건에서 납세자는 차용증 작성 및 평소 원리금 상환, 상환 내역 보관 등 평소 증빙 내역을 철저히 관리했기 때문에 금전소비대차거래로 인정받을 수 있었다. 물론 '실제로 금전소비대차거래였으니 당연한 결과가 아닌가' 하고 생각할 수 있다. 하지만 이를 입증할 증빙자료가 없었다면 전체를 증여로 보아 억울한 결과가 발생했을 여지도 충분하다.

채무 면제도 당연히 증여에 속한다

만약 자녀가 금전을 대여했다면 언젠가 원금은 물론 이자를 갚아야 한다. 하지만 몇 년이 지나도 자녀가 원리금을 변제하지 못해 부모가 채무를 면제해 주는 경우는 어떨까? 채권자로부터 채무를 면제받거나 제3자로부터 채무의 인수 또는 변제를 받은 경우 그 면제, 인수 또는 변제를 받은 날을 증여일로 하여 그 면제 등으로 인한 이익에 상당하는 금액을 그 이익을 얻은 자의 증여재산가액으로 한다.

그러므로 채무 면제 또한 당연히 증여에 속하고, 자녀의 은행 채무 등 타 채무를 변제해 주는 것도 마찬가지로 증여에 속한다. 이때 채권자로부터 채무를 면제받은 경우에는 채권자가 면제에 대한 의사표시를 한 날을, 제3자로부터 채무를 인수받은 경우에는 제3자와 채권자 간에 채무의 인수계약이 체결된 날을 증여일로 한다.

상위 1% 자산가들이 찾는 세무사가 알려주는 모르면 끝장나는 코인투자 세금

가상자산 투자자가 보유단계에서 마주하는 세금

가상자산 투자자가 가상자산의 보유단계에서 마주하는 세금은 원화예치금을 포함한 가상자산사업자의 계좌 내에 가상자산을 보유하는 동안 발생한다. 가장 대표적으로 가상자산을 양도하거나 대여함으로써 발생하는 소득인 가상자산소득에 대한 가상자산소득세가 있으며, 2부에서는 이를 절세하는 기초적인 방법을 안내하고자 한다.

그 밖에 해외 금융계좌를 보유한 거주자 및 내국법인은 2023년부터 매월 말일 중 어느 하루라도 모든 해외 금융계좌 내 가상자산, 현금, 주식 등 잔액을 합산한 금액이 5억 원을 초과할 경우 그 계좌정보를 매년 6월 1일부터 6월 말일까지 납세지 관할 세무서장에게 신고해야 한다. 이에 대해서도 함께 알아볼 예정이다.

2024년 7월부터 적용된 「가상자산이용자보호법」은 가상자산 이용자를 보호하고 가상자산시장의 건전한 질서를 확립하기 위해 제정되었다. 이 법은 가상자산의 정의와 가상자산에서 제외되는 대상을 규정하고, 가상자산사업자에게 이용자의 예치금과 가상자산을 안전하게 보관·관리할 의무를 부과한다. 가상자산 투자자라면 자산관리를 위해 이 부분도 필수적으로 알아두어야 한다.

마지막으로 세금을 체납하면 가상자산 역시 압류 및 매각의 대상이 된다. 이와 관련해 국세청은 발 빠르게 움직이고 있는데, 최근 국세청의 가상자산 압류 및 매각 사례를 통해 압류까지 가지 않도록 가상자산과 관련한 세금 납부의 개념을 알아보자.

01

가상자산소득세,
도대체 얼마나 내야 할까?

당신은 이제 가상자산 투자를 위한 종잣돈을 마련했고, 가상자산 거래를 통해 소득을 올렸다. 2026년까지는 가상자산소득에 대해 과세되지 않으므로 '세후' 소득에 대해 대비할 필요가 없지만, 2027년부터는 이 소득에 대해 어떻게 과세되는지와 어떻게 절세하면 좋을지에 대한 지식을 쌓아야 세후 '수익'을 극대화할 수 있다.

이와 관련한 법을 살펴보고 그 개념을 하나씩 이해해 보자.

「소득세법」제14조【과세표준의 계산】
③ 다음 각 호에 따른 소득의 금액은 종합소득과세표준을 계산할 때 합산하지 아니한다.

8. 다음 각 목에 해당하는 기타소득(이하 "<u>분리과세기타소득</u>"이라 한다)

다. <u>제21조제1항제27호</u> 및 같은 조 제2항에 따른 기타소득

「소득세법」 제21조【기타소득】

① 기타소득은 이자소득·배당소득·사업소득·근로소득·연금소득·퇴직소득 및 양도소득 외의 소득으로서 다음 각 호에서 규정하는 것으로 한다.

27. **「가상자산 이용자 보호 등에 관한 법률」** 제2조제1호에 따른 가상자산(이하 "가상자산"이라 한다)을 양도하거나 대여함으로써 발생하는 소득(이하 "가상자산소득"이라 한다)

「소득세법」에서는 가상자산소득을 '분리과세 기타소득'으로 정의한다. '분리과세소득'이란 종합소득과세표준에 합산하지 않고 별도의 세율에 의한 원천징수로써 납세의무가 종결되는 소득을 말한다. 반대로 '종합과세소득'은 종합소득과세표준 계산 시 합산하는 소득을 말한다.

복잡한 「소득세법」을 다 알 필요는 없다. 분리과세는 간단히 복권이나 해외주식 양도소득세를 생각하면 된다. 법에서 정하는 일정 세율을 적용하여 납부하면 그걸로 과세의무는 끝나고 다른 소득과 합쳐서 계산하지 않는다. 일반적으로 본인에게 근로소득과 사업소득이 있으면 매년 5월에 이를 합산해 종합소득세를 신고하지만, 분리과세는 해당 소득을 다른 소득과 합산하지 않고 '분리'하여 따로 과세한다.

'기타소득'이란 이자소득·배당소득·사업소득·근로소득·연금소득·

퇴직소득 및 양도소득 외의 소득을 말한다. 즉, 일시적이고 우발적으로 발생하는 소득의 대부분이 기타소득에 속하는데 소득의 성질에 따라 분류한 것임을 알 수 있다. 대표적인 기타소득은 복권 당첨금, 상금 등이다.

그동안 가상자산소득에 대해 과세하지 않은 것은 가상자산소득에 대한 과세기준을 「소득세법」에 열거하지 않았기 때문이다. 그러나 가상자산이 본격적으로 제도권에 편입되어 「특정금융정보법」상 규제가 적용되고, 가상자산소득에 대해서도 과세해야 한다는 입장이 대두하면서 2020년 세법 개정을 통해 관련 세법이 기타소득으로 신설되었다. 다행인 것은 계속 유예되어 아직 과세가 시작되지 않았다는 점이다.

내가 벌어들인 가상자산소득에 대해 세금이 얼마나 나오는지 계산해 보자.

가상자산소득에 따른 세금 계산

기호	구분	설명
	총수입금액	양도(매매, 교환)·대여의 대가
(-)	필요경비	실제 취득가액(부대비용인 거래수수료, 세무 관련 비용 포함)
(=)	가상자산소득금액	
(-)	연 250만 원	기본공제(과세최저한)
(=)	과세표준	
(x)	22%	세율(지방소득세 포함)
(=)	납부할 세액	신고 및 납부 미이행 시 가산세 추가 다음 연도 5/1~5/31까지 납세지 관할세무서장에게 신고

여기서 가상자산 취득가액을 어떻게 평가하는지 궁금해하는 사람이 꽤 많다.

먼저, 2027년 가상자산소득세 과세를 시행하기 이전에 보유한 가상자산의 경우 취득가액을 어떻게 산정할까? 국세청은 납세자의 편의를 위해 법 시행 전일인 2026년 12월 31일 당시 가상자산의 시가와 그 실제 취득가액 중 큰 금액으로 취득가액을 산정한다.

2026년 12월 31일 당시 가상자산의 시가를 정확하게 표현하면 다음과 같다.

1. 시가고시 가상자산사업자가 취급하는 가상자산: 각 시가고시 가상자산사업자의 사업장에서 2027년 1월 1일 0시 현재 가상자산별로 공시한 가상자산 가격의 평균
2. 그 외의 가상자산: 시가고시 가상자산사업자 외의 가상자산사업자(이에 준하는 사업자를 포함)의 사업장에서 2027년 1월 1일 0시 현재 가상자산별로 공시한 가상자산 가격

가상자산 주소별 취득가액은 어떻게 평가할까? 다음과 같이 두 가지 방법으로 계산한다.

① 가상자산사업자를 통해 거래되는 가상자산: 이동평균법
② 그 외의 경우: 선입선출법

2024년에 개정된 세법 개정안은 가상자산 취득가액 산정 방식을 보완하는 내용을 담고 있다. 개정안에 따르면, 실제 취득가액과 부대비용은 필요경비이지만 2027년 가상자산소득에 대한 과세 시행 후 취득한 가상자산의 실제 취득가액 확인이 곤란한 경우, 동종 가상자산 전체에 대해 양도가액의 일정 비율(최대 50%)을 필요경비로 의제하여 허용하기로 했다. 그 대신 별도의 부대비용은 인정하지 않겠다고 밝혔다. '취득가액 확인 곤란' 여부의 구체적인 판단기준과 인정비율은 대통령령으로 위임할 것으로 보인다.

부동산 양도소득세에서도 2006년 실거래가 신고의무화 제도가 생기기 이전에 취득한 부동산의 취득가액을 알 수 없을 때 '환산가액'이란 취득가액 산정방식을 통해 양도가액의 일정 비율을 취득가액으로 인정해 주는데, 이와 유사한 방침으로 보인다.

금융위원회 금융정보분석원에서는 국내 가상자산사업자 신고 현황을 주기적으로 공개하고 있다. 본인이 이용하는 가상자산사업자가 정식으로 신고한 업체인지 주기적으로 확인할 필요가 있다. 가상자산소득에 대한 과세가 시작되면 가상자산사업자가 나의 가상자산에 대한 취득가액을 이동평균법으로 계산해 그 정보를 제공할지와 관련한 문제는 추후 시스템 보완 등을 통해 해결될 것이다.

교환거래로 발생하는 가상자산소득에도 과세가 될까? 그렇다. 가상자산 간의 교환으로 발생하는 소득은 '기축가상자산'의 가액에 교환거래의 대상인 가상자산과 기축가상자산 간의 교환비율을 적용하여 계산한다. 여기서 기축가상자산이란 교환거래를 할 때 교환가치의 기준이 되는 가상자산을 말한다. BTC마켓의 비트코인, ETH마켓의 이더리움, USDT마켓의 테더가 대표적인 예다.

다음으로 나라에서 세금을 원활하게 걷기 위해 미리 강제로 징수하는 원천징수제도다. 다행히 가상자산소득에 대해서는 원천징수를 하는 일이 없어서 원천징수에 의해 자금이 묶이는 현상은 발생하지 않을 것으로 보인다. 변수는 추후 가상자산소득에 대한 세금 정책이 자리 잡으면 다른 세금과 마찬가지로 원천징수 제도를 도입할 수 있다는 점이다.

세법은 유사한 제도에서 시스템을 차용해 오는 경우가 많다. 그러니 가상자산 투자자라면 해외주식 양도소득세 및 부동산 양도소득세에 대한 세법 공부를 간단하게라도 해두는 편이 본인의 가상자산을 관리하는 데 유리하다.

가상자산소득세에 추가했으면 하는 두 가지

필자는 개인적으로 가상자산소득세에 추가했으면 하는 두 가지가 있다. 첫째는 이월결손금이고 둘째는 기본공제 상향이다. 이 두 가지는 유사한 세금 형태로 언급되었다가 폐지가 결정된 금융투자소득세의 구조에서 차용한 것이다.

금융투자소득세는 금융투자소득금액에서 이월결손금과 기본공제를 차감한 후 세율을 적용해 계산하는 구조다. 여기서 이월결손금은 직전 5개 과세기간에 발생한 금융투자결손금으로서 그 후 각 과세기간의 과세표준을 계산할 때 공제하지 않은 금액을 말한다. 말 그대로 올해 금융투자소득에서 1억 원 손실이 났다면, 5개 과세기간에 금융투자소득 금액이 발생했을 때 과거 손실로 1억 원까지 상계하여 납부할 세액을 줄일 수 있다.

그러나 가상자산소득세에는 안타깝게도 이월결손금 제도가 적용되지 않는다. 필자는 개인적으로 이 제도의 도입을 바라고 있다.

다음으로 기본공제 상향이다. 현 가상자산소득세의 기본공제는 해외주식 양도소득세 기본공제와 같이 250만 원이다. 그러나 폐지된 금융투자소득세에서는 국내분 소득에 대해서는 기본공제를 5,000만 원으로 적용하겠다고 밝혔었다. 무려 20배나 차이가 나다 보니 가상자산소득세는 왜 차별하느냐는 의견이 나올 수 있을 것으로 보인다. 금융투자소득세와 같은 기본공제가 아니더라도 물가상승률을 반영한 기본공제 액수는 적용되기를 바란다.

사실, 기본공제 250만 원의 기원은 양도소득세 기본공제 액수에서 유래한 것으로 보인다. 양도소득세의 기본공제는 1995년 1월 1일 개정 당시 60만 원에서 250만 원으로 상향된 이후 약 30년간 변동 없이 유지되고 있다. 이런 부분에 물가상승률이 현실적으로 반영되어야 할 것으로 본다.

02

법인의 가상자산 투자에는
이미 세금이 과세 중이라고?

개인에 대한 가상자산소득세는 2027년부터 과세가 예정되어 있다. 그렇다면 법인에 대해서도 2027년부터 가상자산소득세가 과세될까? 이를 알기 위해서는 먼저 열거주의와 포괄주의를 알아야 한다. 열거주의 방식은 소득을 원천으로 구분하고, 그 원천 중 세법에 열거된 소득만을 과세대상으로 규정하는 것으로 소득세가 이에 해당한다. 「소득세법」에 따르면 개인이 가상자산을 양도하거나 대여함으로써 발생하는 소득을 열거하고 2027년 1월 1일부터 과세하기로 되어 있다.

포괄주의 방식은 원천과 관계없이 모든 소득을 과세소득으로 파악하며, 「법인세법」이 이에 해당한다. 따라서 내국법인의 가상자산소득은 그 유형과 관계없이 법인세 과세표준에 포함되고, 2027년부터 과세되는 개인(거주자·비거주자)과 달리 현재 과세대상이다.

「법인세법」에서는 가상자산을 선입선출법에 따라 평가하고 그 평가손익을 익금 또는 손금에 산입한다. 나아가 내국법인의 행위 또는 소득금액의 계산이 특수관계인과의 거래로 인해 그 법인의 소득에 대한 조세의 부담을 부당하게 감소시킨 것으로 인정되면, 그 법인의 행위 또는 소득금액의 계산과 관계없이 그 법인의 각 사업연도의 소득금액을 계산하는 부당행위계산의 부인을 적용할 때 다음의 「상속세 및 증여세법」상 평가방법을 준용하여 '시가'를 산정한다. 여기서 '부당행위계산의 부인을 적용한다'는 것은 법인의 세금 부담을 부당하게 줄인 행위를 인정하지 않고, 소득금액을 수정해 세금을 제대로 부과하는 것을 말한다.

1. 「특정 금융거래정보의 보고 및 이용 등에 관한 법률」제7조에 따라 신고가 수리된 가상자산사업자(이하 이 항에서 "가상자산사업자"라 한다) 중 국세청장이 고시하는 가상자산사업자의 사업장에서 거래되는 가상자산: 평가기준일 전·이후 각 1개월 동안에 해당 가상자산사업자가 공시하는 일평균가액의 평균액

2. 그 밖의 가상자산: 제1호에 해당하는 가상자산사업자 외의 가상자산사업자 및 이에 준하는 사업자의 사업장에서 공시하는 거래일의 일평균가액 또는 종료시각에 공시된 시세가액 등 합리적으로 인정되는 가액

외국법인의 경우는 조금 다른데, 국내사업장(조세조약상 고정사업장)이 없는 외국법인에 대한 과세는 열거주의를 따른다.

「법인세법」에서는 외국법인의 가상자산소득 규정을 비거주자의

개인과 법인의 가상자산 세금제도 비교

구분	개인의 소득세	법인의 법인세
과세대상 소득	가상자산을 양도하거나 대여함으로써 발생하는 소득	가상자산 투자 등으로 인해 발생하는 순자산을 증가시키는 모든 소득
취득원가 평가	① 가상자산사업자를 통해 거래되는 가상자산: 이동평균법 ② 그 외의 경우: 선입선출법	선입선출법
기본공제 금액	250만 원	없음
세율	22%(지방소득세 포함, 단일세율)	9~24%(법인세 누진세율)
차손 이월공제	이월공제 불가능	이월공제 가능
시행시기	2027년 1월 1일 이후	포괄주의에 따라 현재 과세 중

가상자산소득에 관해 2027년에 시행 예정인 「소득세법」과 같은 내용으로 정했다. 즉, 「법인세법」에서는 외국법인의 가상자산소득을 기타소득으로 보아 과세한다. 2027년 1월 1일부터 시행될 「법인세법」 제92조 제2항 제1호 (나)목, 제93조 제10호 (카)목, 제98조 제1항 제8호 (나)목이 외국법인의 가상자산소득에 관한 규정이다. 다만, 국내사업장(**조세조약상 고정사업장**)에 귀속되는 가상자산소득은 내국법인처럼 익금에 포함하여 순소득에 대한 과세방식이 적용된다.

만약 가상자산소득세가 계속 유예된다면 포괄주의 방식을 적용하는 법인으로 투자하는 것보다 열거주의 방식을 적용하는 개인으로 투자하는 것이 절세하기에는 더 낫다.

물론 '일반법인'의 가상자산 실명계좌 발급은 아직까지 확정된 바가 없다. 2024년 12월 4일 금융위원회에서는 법인의 가상자산 원화계좌 개설 허용 로드맵에서 1단계로 중앙정부 부처와 지자체, 공공기관, 대학 등 비영리법인의 실명계좌부터 열어주고, 2단계로 가상자산거래소 등 관련 사업자의 원화계좌 개설을 허용할 방침이라고 밝혔다. 그리고 2025년 5월 2일 금융위원회는 실제 보도자료를 통해 6월부터 비영리법인과 가상자산거래소의 가상자산 매도가 가능하다고 밝혔다. 비영리법인 및 가상자산거래소 매각 가이드를 간단히 살펴보면 다음과 같다.

비영리법인 및 가상자산거래소 매도 가이드

구분	비영리법인	가상자산거래소
허용 대상	외감법인이면서 5년 이상 업력 요건을 충족하는 비영리법인	「특정금융정보법」상 가상자산사업자로 신고한 가상자산거래소
가상자산 종류	3개 이상 원화거래소에서 거래를 지원하는 가상자산	5개 원화거래소 시가총액 상위 20개 가상자산
주요 규율 목적과 내용	내부통제장치 확보 - 내부 심의기구를 통해 기부의 적정성, 현금화 계획 등 사전검토	매도 시 시장영향 최소화 - 매도 목적 제한(운영경비 확보)및 일일 매도 한도 도입 등
자금세탁 방지	은행·거래소·법인이 중첩하여 기부금 관련 고객확인 등 수행	매도 목적 제한 및 사전·사후 공시의무 부과
기대효과	기부금의 원활한 현금화 지원 + 건전한 가상자산 기부문화 확립	수수료로 받은 가상자산의 현금화 + 가상자산 이용자 이해상충 방지

매도만 가능할 것으로 보이는데, 결국 가상자산의 기부를 원활히 하겠다는 것이 취지인 것으로 보인다.

일반기업은 3단계, 금융회사는 4단계, 5단계로 적용하여 법인계좌 허용을 중장기적으로 검토하기로 했다고 밝혔기에 사실상 법인으로 가상자산 실명계좌를 트려면 긴 시간이 걸릴 것으로 보인다.

03

가상자산소득세를 절세하는
가장 기본적인 방법은?

2027년부터 과세될 가상자산소득세를 절세하는 가장 기본적인 방법에는 다음의 세 가지가 있다.

기본공제 250만 원 이내에서 차익 실현

가장 간단한 방법은 기본공제 250만 원 이내에서 차익을 실현하는 것이다. 가상자산소득세는 1월 1일부터 12월 31일까지 1년 단위로 합산하여 계산하며, 매년 250만 원을 공제받을 수 있다. 매년 소액이지만 250만 원 내의 소득을 연말에 실현하여 소액의 세금이라도 줄이도록 하자.

앞서 살펴보았듯이 2024년 11월 1일 금융위원회가 발표한 보도 자료에 따르면 고객확인의무(KYC)를 이행한 개인고객 778만 명의 67.3%인 524만 명이 50만 원 미만의 자산을 보유한 것으로 드러났다. 보유자산은 '(보유 가상자산 수 × 해당 가상자산의 시장가격) + 원화예치금(대기성 자금)'으로 계산했다. 가상자산의 경우 변동성이 너무 크다는 등의 이유로 거액을 투자하지 않으므로, 기본공제 250만 원 이내에서 차익을 실현하는 것만으로도 대부분의 경우 과세를 피할 수 있을 것이다.

　그리고 과세보다 더 번거로운 점은 가상자산소득이 기본공제 액수 이상이면 종합소득세 신고기한인 5월에 직접 종합소득세 신고를 해야 한다는 점이다. 세금에 익숙하지 않은 투자자에게는 신고를 직접 해야 한다는 것이 여간 번거로운 일이 아니다. 해외주식 양도소득세 신고를 직접 해 본 투자자라면 크게 공감할 것이다. 물론 최근에는 증권사 자체 내에서 해외주식 양도소득세 신고를 무상으로 도와주고 있지만, 가상자산 쪽에서도 이러한 서비스가 생길지는 지켜봐야 할 일이다.

차익과 차손을 상계한다

　22%의 단일 양도소득세를 내기가 부담스럽다면 손실이 난 가상자산을 같은 해에 양도하여 차익과 차손을 상계하는 것이 기본적인 두 번째 절세전략이다. 손실을 실현한 후에도 해당 가상자산을 장기

보유할 생각이라면 재매수하면 된다. 결국 가상자산소득세는 당해 연도 1월 1일부터 12월 31일까지 기간의 이익과 손실을 합산하여 계산하기 때문이다.

양도 후 재매수함으로써 종합소득세가 과세되는 1월 1일부터 12월 31일까지 기간에 절세도 챙기고, 미래에 가치상승이 기대되는 자산에 대해서는 다시 기다리며 훗날을 도모할 수 있다.

간단한 예시를 통해 절세효과를 살펴보자.

1) 실현한 가상자산 양도차익이 1억 원인 경우
   - 가상자산소득세: 1억 원 × 22% = 2,200만 원

2) 실현한 가상자산 양도차익이 1억 원이고, 현재 미실현 가상자산 차손이 8,000만 원인 경우
   - 차손 8,000만 원을 실현하여 양도차익 합산을 2,000만 원으로 만든다.
   - 가상자산소득세: 2,000만 원 × 22% = 440만 원

차손이 난 가상자산을 같은 연도에 양도하면 양도차익을 줄이는 효과를 간단히 얻을 수 있다. 매년 11~12월에 본인이 1년간 올린 가상자산소득 실적을 살펴보고, 차손이 난 가상자산을 어떻게 양도하여 절세할 것인지 계획을 짜면 된다.

증여 후 양도하여 취득가액을 높인다

배우자에게 가상자산을 증여하면 10년 동안 합산해서 6억 원까지 공제가 가능한데, 이를 활용하여 증여 후 양도하는 절세전략도 있다.

공제 범위인 6억 원 내에서는 부부간에 증여세가 부과되지 않기 때문에 증여 후 배우자가 해당 가상자산을 양도하면 양도차익이 사라진다. 증여하면 취득가액이 증여시점의 시가로 변경된다. 이 취득가액이 증여자가 원래 취득했던 금액보다 훨씬 높다면, 증여를 받은 사람은 더 높은 취득가액을 기준으로 양도소득세를 계산하므로 세금을 줄일 수 있다.

간단한 계산 예시는 다음과 같다.

배우자 증여를 통한 가상자산 절세 구조

구분		본인 직접 양도	배우자 증여 후 양도
	양도가액	5억 250만 원	5억 250만 원
(-)	취득가액	1억 원(원 취득가액)	5억 250만 원 (증여로 취득가액 상승)
(=)	양도차익	4억 250만 원	0원
(-)	기본공제	250만 원	
(=)	과세표준	4억 원	0원
(x)	세율	22%	
(=)	가상자산소득세	8,800만 원	0원
(별도)	증여세	10년간 배우자 간 증여재산공제 6억 원 이내이므로 0원	

그러나 증여 후 양도 절세전략은 가상자산소득에 대한 과세가 시작되면 얼마 지나지 않아 불가능해질 가능성이 있다. 왜 그런지는 유사한 제도의 적용 사례를 살펴보면 쉽게 알 수 있다.

세법에서는 부동산 양도소득세의 경우 이를 이월과세로 보아 제재한다. '이월과세'란 양도소득세 계산 시 증여받은 사람이 아닌 증여한 사람 기준으로 취득가액을 계산하는 것을 말한다. 만약 위 가상자산 절세 구조에서 증여한 대상물이 부동산이라고 가정하면, 부동산 증여 후 이를 증여받은 사람이 10년 이내에 양도할 경우 위 두 가지 세액 계산방식 중 더 큰 세액이 나오는 계산방식으로 양도소득세를 내야 하므로 8,800만 원의 세액을 납부해야 한다. 이를 통해 10년 이내에 취득가액을 높이는 전략은 불가능함을 알 수 있다.

결국 10년 이내에 양도할 경우 증여재산공제만 낭비하는 꼴이 되고, 취득가액이 증여 시점의 취득가액만큼 높아지지 않아 절세의 실익이 크지 않다. 이를 '이월과세'라고 한다.

주식에서도 2025년부터 이월과세 제도를 적용하고 있다. 이월과세대상이 주식으로까지 확대되어, 주식의 경우에는 증여 후 1년이 지난 다음에 양도해야 절세효과를 볼 수 있게 개정되었다. 즉, 증여를 통한 절세효과를 얻기가 쉽지 않아졌다. 1년 동안 주식의 가치가 얼마나 바뀔지 알 수 없기 때문이다. 그러므로 가상자산소득세에도 '이월과세' 제도가 도입되어 과세될 수 있음을 유념해야 한다.

마지막으로 주의할 점은 배우자에게 증여 후 양도한 다음, 양도한 자금을 다시 돌려받으면 안 된다는 것이다. 그러면 사실상 본인이 직접 양도한 것과 같은 결과가 되기 때문에, 국세청이 이를 조사 후 증여를 무효로 보고 본인이 직접 양도한 것으로 가정하여 가상자산소득세를 부과할 수도 있다.

큰 절세전략에는 사후관리까지 챙기는 꼼꼼함이 필요하다. 절세전략을 허투루 활용하지 않도록 조심, 또 조심하자.

04

비거주자도 코인에 대해
세금을 내야 할까?

세법에서 국적보다 중요한 것은 거주자인지 비거주자인지다. 거주자와 비거주자의 판단은 '국내에 주소 또는 183일 이상 거소'를 두고 있는지 여부에 따라 판별하므로 국적과는 관계가 없다. 거주자와 비거주자의 개념부터 살펴보고 이것이 가상자산소득세에서 어떤 차이를 만드는지 살펴보자.

세법에서 '주소'란?

주소는 생활의 근거가 되는 곳, 국내에서 생계를 같이하는 가족 및 국내에 소재하는 자산의 유무 등 생활 관계의 객관적 사실에 따라 판정한다. 특히 다음의 두 가지 경우에는 국내에 주소 등을 가진 것으로 본다(「**소득세법 시행령**」).

1. 계속하여 183일 이상 국내에 거주할 것을 필요로 하는 직업을 가진 때
2. 국내에 생계를 같이하는 가족이 있고, 그 직업 및 자산 상태에 비추어 계속하여 183일 이상 국내에 거주할 것으로 인정되는 때

반대로 해외에 거주하거나, 근무하는 자가 외국 국적을 가졌거나, 외국 법령에 의해 그 나라의 영주권을 얻은 자로서 국내에 생계를 같이하는 가족이 없고, 직업 및 자산 상태에 비추어 다시 입국하여 주로 국내에 거주할 것으로 인정되지 않는 때에는 국내에 주소가 없는 것으로 본다.

세법에서 '거소'란?

거소는 주소지 이외의 장소 중 상당 기간에 걸쳐 거주하는 장소로, 주소와 같이 밀접한 일반적 생활 관계가 형성되지 않는 장소를 말하며, 국내에서 183일 이상 거소를 둔 경우 거주자로 본다. 만약 1과세기간 내 수차례 입출국한 경우에는 1과세기간 내 국내에 거소를 둔 기간을 합산하여 183일이 되는 날부터 거주자로 본다. 또한 2026년 1월부터는 2과세기간에 걸쳐 계속하여 183일 이상인 경우도 거소를 둔 것으로 본다. 거주 기간은 다음과 같이 계산한다.

① 국내에 거소를 둔 기간은 입국하는 날의 다음 날부터 출국하는 날까지로 본다.

② 국내에 거소를 두고 있던 개인이 출국 후 다시 입국한 경우에 생계를 같이하는 가족의 거주지나 자산소재지 등에 비추어 그 출국 목적이 관광, 질병의 치료, 친지방문 등 개인적인 사유와 출장, 연수 등 직업 및 사업과 관련된 사유 등으로서 명백하게 일시적인 것으로 인정되는 때에는 그 출국 기간도 국내에 거소를 둔 기간으로 본다.

③ 재외동포의 단기 관광, 질병의 치료 등 그 입국 목적이 일시적 입국 사유라면 그 입국 기간은 국내 거주 기간에서 제외한다.

거주자 또는 비거주자가 되는 시기

비거주자가 거주자로 되는 시기와 거주자가 비거주자로 되는 시기를 정리하면 다음과 같다.

비거주자가 거주자로 되는 시기

1) 국내에 주소를 둔 날

2) 통상 183일 이상 국내에 계속 거주할 것을 필요로 하는 직업을 가진 때 등 국내에 주소를 가지거나 가진 것으로 보는 사유가 발생한 날

3) 국내에 거소를 둔 기간이 183일이 되는 날

거주자가 비거주자로 되는 시기

1) 거주자가 주소 또는 거소의 국외 이전을 위해 출국하는 날의 다음 날

2) 국외에 거주 또는 근무하는 자가 외국 국적을 가졌거나 외국 법령에 의해 그 외국의 영주권을 얻은 자로서 국내에 생계를 같이하는 가족이 없고, 그 직업 및 자산 상태에 비추어 다시 입국하여 주로 국내에 거주할 것으로 인정되지 않는 때 등 국내에 주소가 없거나 국외에 주소가 있는 것으로 보는 사유가 발생한 날의 다음 날

거주자 또는 비거주자의 과세기간

원칙은 1월 1일부터 12월 31일까지이지만 거주자가 비거주자로 전환되었을 때 거주자의 과세기간은 1월 1일부터 출국일까지로, 비거주자의 과세기간은 출국일의 다음 날부터로 각각 나누어서 적용한다.

비거주자의 국내 가상자산소득에 대해 원천징수를 해야 한다

이렇게 거주자와 비거주자를 구분하는 이유는 가상자산거래소와 국세청 간에 문제가 되었던 비거주자의 국내 가상자산소득에 대한 원천징수 사건 때문이다. '원천징수'란 소득자가 자신의 세금을 직접 납부하지 않고, 원천징수 대상소득을 지급하는 원천징수 의무자(**국가, 법인, 개인사업자, 비사업자 포함**)가 소득자로부터 세금을 미리 징수하여 국가(**국세청**)에 납부하는 제도를 말한다. 흔히 근로소득자가 매월 급여에서 원천징수된 가액을 연말정산 때 추가로 납부하거나 환급받는 구

조를 생각하면 이해가 빠르다.

가상자산소득은 비거주자의 국내원천소득에 당연히 포함된다. 여기에는 가상자산사업자가 보관하고 관리하는 가상자산을 비거주자가 인출하는 경우 인출시점을 양도시점으로 보아 「소득세법」상 계산한 금액도 포함되어 있다.

또한, 비거주자의 국내 원천소득에 대해서는 원천징수의 특례가 적용된다. 따라서 비거주자가 가상자산사업자를 통해 가상자산을 양도(매매·교환)·대여·인출하는 경우 가상자산사업자는 세금을 원천징수 하고, 매달 원천징수 한 세액을 다음 달 10일까지 납부해야 한다. 이때 원천징수 세액은 다음과 같이 계산한다.

$$원천징수 세액 = MIN[양도가액 \times 10\%, (양도가액-필요경비 등) \times 20\%]$$

만일, 비거주자·외국법인이 우리나라와 조세조약이 체결된 국가의 거주자라면 가상자산사업자에게 비과세·면제신청서를 제출하여 비과세·면제를 적용받을 수 있다.

참고로 비거주자의 국내 가상자산소득에 대한 원천징수와 관련해 2018년 거래소 빗썸에 대한 세무조사 결과 803억 원을 추징한 사례가 있다. 이는 가상자산과 관련해 우리나라에서 최초로 발생한 과세 조치였다. 세법상 가상자산에 대한 과세 근거가 마련되지 않았던 때라 조사 착수 시기부터 논란이 많았다.

「소득세법」상에는 가상자산 거래 이익이 과세대상으로 열거되어 있지 않아 세금을 부과할 수 없지만, 비거주자의 경우 조세조약을 감안해 '포괄주의 방식'을 기타소득 규정으로 두기 때문이다.

국세청은 비거주자의 원화 출금액을 과세대상의 기타소득으로 보고, 거래소를 원천징수의무자로 보아 원천징수 미납분을 부과했다. 빗썸코리아 회원 중 비거주자들은 2015~2018년 사이에 빗썸에서 가상자산을 매도하고 원화로 출금했다. 빗썸은 이들에게 원화 출금액을 지급하면서 원천징수를 하지 않았다. 세율은 지방소득세를 포함해 22%였다.

구체적으로 국세청이 가상자산거래소에 적용한 법 조항은 「소득세법」 제119조 제12호 (마)목과 (타)목'이다. 「소득세법」 제119조는 비거주자의 국내원천소득에 대한 규정이며 제12호 (마)목은 '국내법에 따른 면허·허가 또는 그 밖에 이와 유사한 처분에 따라 설정된 권리와 그 밖에 부동산 외의 국내자산을 양도함으로써 생기는 소득'을, (카)목은 '국내에서 하는 사업이나 국내'를 규정하고 있다.

당시 국세청은 거래소 과세에 대해 "비거주자의 국내원천징수 불이행에 대해 과세한 것"이라면서 "가상자산거래소와 관련된 과세는 원칙적으로 비거주자나 외국법인이 부담하게 된다. 그런데 세법상 국내 원천징수의무자인 거래소나 플랫폼 사에 엄격한 원천징수 의무를 부여하는 이유는 소득이 국외로 유출되는 상황을 방지하기 위한 것이다. 거주자나 내국법인에 비해 이러한 의무를 더 엄격하게 적용하는 취지를 감안할 때 국세청은 정당하게 과세했다"라고 단언하기도 했다.

기획재정부도 거래소에 대한 과세가 가능하다고 판단했다. 거주자의 경우, 그간 가상자산이 「소득세법」에 명시되어 있지 않아 과세할 수 없었기 때문에 이번 세법 개정안에 과세 규정을 포함시켰다. 반면에 빗썸의 경우에는 비거주자와 관련된 문제이므로 현재 규정으로도 과세가 가능하다고 설명했다.

조세심판원은 국세청의 「소득세법」 제119조 해석에 따라 가상자산이 재산적 가치를 지닌 무형 자산에 해당한다고 보았다. 따라서 가상자산 거래로 얻는 이익은 국내에서 발생한 기타소득으로 보는 것이 타당하다고 판단했으며, 거래소가 비거주자에 대해 원천징수 의무를 지는 것도 적절하다고 결정했다.

그러나 행정법원은 가상자산이 재산적 가치가 있는 무형 자산에 해당한다고 하더라도 당시 「소득세법」에서 정한 국내 원천소득이라고 볼 수는 없어 위법한 부과처분이므로 취소해야 한다고 판시했다. 또한, 정부가 2020년 세법개정안을 발표하며 가상자산에 과세하는 이유에 대해 "그동안 과세하지 않았던 가상자산 거래 이익에 대한 과세를 정상화하되, 기타소득으로 별도 분리과세(**현재 열거주의를 채택하고 있는 「소득세법」 체계상 열거되지 않은 가상자산 소득에 대해서는 과세가 이루어지지 않음**) 한다"라는 입장을 밝혔다는 점을 예로 들며 법적인 과세 근거가 없어 전부 취소해야 한다고 판단했다.

가상자산의 법적 성질에 대해서는 현재까지 금융과 세제, 민사 및 형사 등 어떤 분야에서도 명확히 정립된 바가 없다. 상황이 이렇다

보니, 가상자산소득세가 부과되는 2027년 이후부터는 조세와 관련하여 국세청과 납세자 간의 쟁송이 더 늘어날 것으로 보인다.

가상자산 투자자를 지켜줄
「가상자산이용자보호법」 시행

　「가상자산이용자보호법」은 가상자산 이용자를 보호하고 가상자산시장의 건전한 질서를 확립하기 위해 제정되었다. 이 법에서는 가상자산의 정의와 가상자산에서 제외되는 대상을 규정하고, 가상자산사업자에게 이용자의 예치금과 가상자산을 안전하게 보관·관리하는 의무를 부과했다. 미공개중요정보이용, 시세조종 등 가상자산 관련 불공정거래행위에 대한 형사처벌 및 과징금 부과 등 제재 근거도 마련했다. 금융위원회 보도자료◆를 참고하여 「가상자산이용자보호법」에 대해 자세히 살펴보자.

◆　금융위원회 보도자료(2024.7.17.), "내일(7.19일)부터 「가상자산이용자보호법」이 시행됩니다".

지난 2021년 3월 「특정금융정보법」이 개정되면서 가상자산사업자에 대한 신고제가 도입되었고, 트래블룰♦ 등 자금세탁을 방지하기 위한 각종 규제장치가 마련되었다. 그러나 자금세탁 방지 중심의 규제 체계로는 시세조종 등 각종 불공정거래행위에 적극적으로 대응하기 어렵고, 이용자의 자산을 안전하게 보호하는 데 일부 한계가 있다는 지적이 계속 이어졌다.

이에 이용자 보호의 중요성과 시급성을 고려하여, 국회는 계류 중이던 가상자산 관련 법률안 19건을 이용자 보호를 위한 필수사항 중심으로 통합·조정하여 대안을 마련하고, 심도 있는 논의를 거쳐 2023년 7월 18일 「가상자산이용자보호법」을 제정했다. 이후 시행령 등 하위 규정의 제정, 가상자산사업자의 법 시행 준비 등 1년의 준비기간을 거쳐 2024년 7월 19일부터 「가상자산이용자보호법」이 시행되었다.

「가상자산이용자보호법」은 ①이용자의 예치금 및 가상자산 보호, ②시세조종 등 불공정거래행위 규제, ③금융당국의 가상자산사업자 등에 대한 감독·검사·제재 권한 및 불공정거래행위자에 대한 조사·조치권한을 규정하고 있다.

「가상자산이용자보호법」에 따르면 이용자의 예치금은 공신력 있는 관리기관인 은행이 안전하게 보관·관리해야 하고, 가상자산사업

♦ 가상자산사업자가 100만 원 이상의 가상자산을 다른 가상자산사업자에게 이전하는 경우 송·수신인의 정보 등을 제공해야 하는 의무(2022.3.25. 시행)

자는 이용자에게 예치금 이자 성격의 예치금 이용료를 지급해야 한다. 가상자산사업자는 자신의 가상자산과 이용자의 가상자산을 분리하여 보관해야 하고, 이용자 가상자산과 동종·동량의 가상자산을 실질적으로 보유해야 한다. 가상자산사업자는 해킹·전산장애 등 사고에 따른 책임을 이행하기 위해 보험에 가입하거나 준비금 등을 적립해야 한다.

시세조종 등 불공정거래행위에 대한 규율체계도 도입되었다. 가상자산거래소는 이상거래를 상시 감시하고, 불공정거래행위로 의심될 경우 금융당국에 통보하는 등의 조치를 취해야 한다. 이후 해당 혐의에 대한 금융당국 조사 및 수사기관의 수사를 거쳐 불공정거래행위를 한 자에 대해서는 형사처벌 및 과징금*을 부과할 수 있다.

「가상자산이용자보호법」이 시행되면서 가상자산사업자에 대한 금융당국의 감독·검사·제재가 가능해졌다. 금융감독원은 가상자산사업자를 대상으로 「가상자산이용자보호법」상 이용자 보호의무의 준수 여부 등을 조사하고, 금융위원회는 조사 결과에 따라 의무를 위반한 가상자산사업자에게 시정명령, 영업의 전부 또는 일부의 정지, 과태료 부과 등 제재를 가할 수 있다.

「가상자산이용자보호법」의 시행으로 가상자산 이용자를 안전하게 보호할 수 있는 기본적인 안전판이 마련되었다. 또한, 가상자산시

◆　　형사처벌: 1년 이상의 징역 또는 부당이득의 3~5배에 상당하는 벌금(부당이득 5억~50억 원: 3년 이상의 징역, 부당이득 50억 원 초과: 5년 이상 또는 무기징역), 부당이득의 2배에 상당하는 과징금(부당이득 산정 곤란 시 40억 원 이하)

장의 질서를 어지럽히는 불공정거래행위를 강력하게 처벌할 수 있게 되어 시장질서 확립에도 기여할 것으로 기대된다. 정부는 앞으로도 「가상자산이용자보호법」이 효과적으로 작동할 수 있도록 수사기관 등 관계기관과 협력을 강화하고, 제도 시행 이후 발견된 미비점에 대해서는 적극적으로 보완해 나갈 예정이다.

다만, 가상자산 이용자는 「가상자산이용자보호법」이 가상자산의 안전성을 보장하는 것이 아님을 유의하고, 가상자산의 높은 위험성과 변동성을 고려하여 스스로 가상자산 관련 정보를 수집하고 확인하는 등 투자 여부를 신중하게 판단할 필요가 있다. 또한, 금융정보분석원(FIU)에 신고한 가상자산사업자가 아닌 미확인 사업자를 통한 거래, 개인 간 거래(P2P) 등 장외거래의 경우 적정한 시장감시가 이루어지지 않아 피해가 발생할 가능성이 크니 유의할 필요가 있다.

아울러 그간 자본시장에서 적발되어 온 불공정거래행위가 가상자산시장에서도 유사하게 발생하고 있으므로 이러한 불공정거래에 연루되어 피해가 발생하지 않도록 주의해야 한다. 불공정거래행위 의심사례를 발견할 경우에는 즉시 금융감독원의 '가상자산 불공정거래 및 투자사기 신고센터'에 제보하고, 불공정거래행위 외에 사기행위를 당한 것으로 의심되는 경우 즉시 수사기관에 신고할 필요가 있다.

Q&A 로 알아보는 「가상자산이용자보호법」

Q 가상자산사업자가 마케팅 목적으로 지급한 원화포인트도 「가상자산이용자보호법」(이하, 법) 제6조에 따른 예치금에 포함될까?

A 이용자가 가상자산사업자에게 반환 또는 출금을 청구할 수 있는 원화포인트는 이용자의 자산에 해당한다. 가상자산사업자가 마케팅 목적으로 지급한 원화포인트도 법 제6조의 예치금에 포함되며 보호의무 대상에 속한다.

Q 원화마켓 가상자산거래소 외의 가상자산사업자가 「특정금융정보법」 개정 전에 수취한 예치금도 법 제6조의 예치금에 포함될까?

A 원화마켓 가상자산거래소 외의 가상자산사업자가 이용자로부터 수취해 보관 중인 예치금은 원칙적으로 법 제6조의 예치금에 해당한다. 코인마켓 가상자산거래소 등은 「특정금융정보법」 개정(2021.3.) 이전에 고객으로부터 수취한 예치금을 현재 보관 중인 것으로 파악된다. 이 예치금도 이용자로부터 가상자산 매매를 위해 받아 예치한 금전이므로 법상 예치금에 해당하는 것으로 보는 것이 타당하다. 참고로 원화마켓 가상자산거래소와 코인마켓 가상자산거래소는 다음과 같은 차이가 있다.

■ 원화마켓 가상자산거래소와 코인마켓 가상자산거래소의 차이

구분	코인마켓	원화마켓
거래	가상자산 대 가상자산	원화 대 가상자산
입출금	가상자산만 가능	원화 입출금 가능
규제	상대적으로 덜 규제	특정금융정보법 등 규제 적용
이용자	경험이 풍부한 투자자	일반 투자자

Q 법 및 하위규정의 '영업일'에 주말과 공휴일이 포함될까?

A 주말(토요일·일요일)과 공휴일은 영업일에 포함되지 않는다. 주식시장과 달리 가상자산시장에서는 365일 24시간 거래가 가능하더라도, 영업일 개념은 법령 전반에 걸쳐 사용되기 때문에 통일성 있게 해석하는 것이 바람직하며 이는 기타 법령 해석과도 일치한다.

Q 「가상자산업감독규정」 제9조 제1항에 따른 콜드월렛 보관비율 및 동 규정 제10조 제2항 제1호에 따른 준비금 적립액 등 산정 방식은 어떻게 될까?

A 콜드월렛 보관비율 및 준비금 적립액 등 산정을 위한 가상자산의 경제적 가치 산출기준 등은 다음과 같다.

▪ 가상자산의 적정가치 산출 기준

구분	콜드월렛 보관비율	보험 또는 공제의 보상한도, 준비금 적립액 및 예치·신탁금의 총합
비율	이용자 가상자산의 경제적 가치의 80% 이상	(콜드월렛 보관분을 제외한) 이용자 가상자산의 경제적 가치의 5% 이상 (최소 30억 원 또는 5억 원)
이용자 가상자산의 경제적 가치	가상자산 종류별로 아래 금액을 산출하여 모두 합한 값 - 현재(하루 중 특정시점) 보관 중인 총 수량 × 전월 말일 기준 최근 1년간 일평균 원화환산액	가상자산 종류별로 아래 금액을 산출하여 모두 합한 값 - 매월 말일 기준 보관 중인 총 수량 × 매월 말일 기준 최근 1년간 일평균 원화환산액
산정시점	매일(하루 중 특정시점) ➡ 80% 이상을 상시 유지(이를 위한 내부 통제장치 마련 필요)	매월 말 ➡ 다음 달 10일까지 보험 또는 공제의 보상한도 상향, 준비금 및 예치·신탁금의 추가적립 등 조치

가상자산사업자는 이용자 가상자산의 경제적 가치 산출기준을 내규 등에 마련해 일관성 있게 운영할 필요가 있다. 예를 들어 코인마켓 가상자산거래소, 지갑·보관업자는 원화마켓 가상자산거래소의 거래가격 또는 널리 알려진 외부기관의 가격정보 등을 활용하여 경제적 가치 산출기준을 마련할 수 있다.

 법 제7조 제1항의 이용자명부 작성·비치 의무 중 비치의무의 이행방법은?

 가상자산사업자의 내부 시스템에서 이용자명부를 작성·관리하면서 별도의 이용자명부 테이블(검색화면 등)을 만들어 두고 이용자명부를 상시 확인·출력할 수 있게 해 두었다면 비치 의무를 이행한 것으로 볼 수 있다.

Q 법 제11조 제2항에 따른 입출금 차단 시 사전통지 방법은?

A 법상 사전통지의 구체적인 방법은 정해져 있지 않으나, 사전통지는 구체적인 입출금 차단 사유와 기간 등을 이용자에게 알리는 절차이므로 이용자에게 개별적으로 통지하는 것이 원칙이다. 다만, 입출금 차단 사유 등을 고려하여 필요 최소한의 범위에서 예외적으로 일괄통지 등 방법을 사용할 수 있으며, 이 경우에도 고객이 충분히 인지할 수 있도록 통지해야 한다.

Q 불공정거래행위의 부당이득 산정 시, 24시간 중단 없이 운영되는 가상자산시장의 특성으로 인해 생기는 자본시장과의 차이점은?

A 자본시장의 불공정거래에 대해서는 종가를 활용하여 부당이득을 산정하는 반면, 가상자산시장의 경우 8시간 단위(예: 한국표준시 00시, 08시, 16시)로 세분화한 기준가격을 사용한다.

Q 불공정거래행위로 인해 복수의 거래소에서 부당이득이 발생했을 때 부당이득 산정방식은?

A 법 제17조 및 제19조에 따른 위반행위와 관련된 거래란 위반행위 장소와 상관없이 위반행위와 관련된 모든 거래를 말하므로, 위반행위로 인해 복수의 거래소에서 부당이득이 발생한 경우에는 이를 모두 합산하여 산정한다.

법 시행에 따른 법상 의무의 적용시점

법이 2024년 7월 19일부터 시행됨에 따라, 원칙적으로 법 시행 이후 발생한 가상자산거래부터 적용되며 세부기준은 다음과 같다.

1) 의무예치액 산정

　　7월 18일 기준으로 의무예치액을 산정하여 7월 19일에 예치 또는 신탁하고, 이후부터 매 영업일 기준으로 적용

2) 콜드월렛 보관

　　7월 19일부터 콜드월렛 보관비율을 이용자의 가상자산의 경제적 가치 80% 이상으로 매일 유지(법상 상시준수 의무로 사업자는 일일 점검 등 내부통제방안 마련 필요)

3) 보험 가입 등

　　6월 말일을 기준으로 보험 보상한도 또는 준비금 적립액 등을 산정하여 7월 19일에 적용하고, 이후부터 매월 말일을 기준으로 보험 보상한도 또는 준비금 적립액 등을 산정하여 다음 달 10일까지 한도 상향 또는 추가적립 등 조치

4) 입출금 차단

　　동법상 허용되지 않은 입출금 차단은 7월 19일부터 해지하고, 이날부터 법상 허용된 사유에 한해 입출금을 차단(차단 시 이용자에게 사전통지 및 금융감독원에 즉시 보고)

5) 불공정거래 조사

　　7월 19일 이후에 발생한 불공정거래행위 혐의 건부터 조사 대상에 해당

06

해외에서 가상자산 거래 시 매년 6월 말일까지 신고

매년 6월은 해외 금융계좌를 신고하는 달이다. 해외 금융계좌를 보유한 거주자 및 내국법인은 매월 말일 중 어느 하루라도 모든 해외 금융계좌 내 현금, 주식, 가상자산 등 잔액을 합산한 금액이 5억 원을 초과할 경우, 매년 6월 1일부터 6월 말일까지 납세지 관할 세무서장에게 계좌정보를 신고해야 한다.

나도 해외 가상자산계좌 신고의무자일까?

해외 금융계좌를 보유한 거주자 및 내국법인은 당해 연도에 보유한 모든 해외 금융계좌 잔액 합계액이 매월 말일 중 어느 하루라도

5억 원을 초과한 경우라면 그 계좌정보를 다음 연도 6월 말일까지 신고해야 한다. 여기서 거주자는 국내에 주소를 두거나 183일 이상 거소를 둔 개인을 말하며, 내국법인은 국내에 본점, 주사무소 또는 사업의 실질적 관리장소를 둔 법인을 의미한다.

해외 차명 금융계좌와 같이 계좌 명의자와 '실질적 소유자'가 다르다면 계좌 명의자, 실질적 소유자 모두에게 해외 금융계좌 관련자로서 신고의무가 있으며, 해외 금융계좌가 공동명의인 경우에는 각 공동명의자가 각각 해당 계좌정보에 대한 신고의무를 부담해야 한다.

여기서 '실질적 소유자'란 해당 해외 금융계좌 관련 거래에서 경제적 위험 부담, 이자·배당 등 수익 수취, 해당 계좌 처분권 보유 등 해당 계좌를 사실상 관리하는 사람을 의미한다. 해외 금융계좌를 보유한 거주자 및 내국법인 중 다음의 경우에는 신고의무가 면제된다.

해외 금융계좌 신고의무 면제자

구분	신고의무 면제자 요건
외국인 거주자	신고대상 연도 종료일 10년 전부터 국내에 주소나 거소를 둔 기간의 합계가 5년 이하인 경우
재외국민	신고대상 연도 종료일 1년 전부터 국내에 거소를 둔 기간의 합계가 183일 이하인 경우
국제기관 근무자	외국 정부, 국제연합 및 그 소속기관, 우리나라와 다른 국가 간 국제적 합의로 설립된 기관에 근무하는 사람 중 대한민국 국민이 아니며, 급여에 대해 「소득세법」에 따라 비과세 적용을 받는 자
금융회사 등, 기타 면제기관	「금융실명거래 및 비밀보장에 관한 법률」 제2조 제1호에 따른 금융회사 등 및 다른 법령에 따라 국가의 관리·감독이 가능한 기관
해외 금융계좌 관련자	다른 공동명의자 등의 신고를 통해 본인이 보유한 모든 해외 금융계좌정보를 확인할 수 있는 경우
국가, 지방자치단체, 공공기관, 우리나라와 다른 국가 간 국제적 합의로 설립된 기관	

어떤 해외 가상자산계좌를 신고해야 할까?

「특정금융정보법」에 따라, 가상자산 및 이와 유사한 자산을 거래하기 위해 해외 가상자산사업자 등의 서비스를 이용해 만든 해외 가상자산계좌도 2023년 6월 신고부터 해외 금융계좌 신고대상에 포함된다.

가상자산 매매를 위해 해외 가상자산거래소에 개설한 계정은 신고대상인 해외 가상자산계좌에 해당한다. 다만, 가상자산을 보관하기 위해 해외 지갑사업자와 연결한 지갑의 경우 종류에 따라 신고대상 여부가 다르다. 해외 가상자산 지갑사업자가 개인 암호키 등을 관리하지 않고 통제하지 않는 비수탁형·탈중앙화 지갑은 신고할 필요가 없다. 반면에 개인 암호키 등을 관리하고 통제하는 수탁형·중앙화 지갑은 신고대상에 포함된다. 따라서 해외 가상자산 지갑의 종류에 따라 신고대상인지 잘 판단해야 한다.

국세청은 지난해 신고부터 해외 가상자산계좌가 해외 금융계좌 신고대상에 포함됨에 따라, 해외 가상자산 보유자가 해외 금융계좌 신고를 누락하는 일이 없도록 국내 가상자산사업자들과 협의해 해외 금융계좌 신고제도를 안내하고 있다.

매월 말일, 내 해외 가상자산계좌 잔액이 5억 원을 넘는지 어떻게 계산할까?

매월 말일 계좌에 보유한 자산별로 보유계좌 잔액을 산정하고, 그 금액에 해당 표시통화 환율(「외국환거래법」에 따른 일별 기준환율 또는 재정환율)을 적용하여 각각 원화로 환산한 후 합산하여 산출한다.

피상속인 명의의 해외 금융계좌를 여러 사람이 공동으로 상속받았다면, 해당 계좌 잔액 중 공동상속인 각자의 상속분에 해당하는 금액만큼만 합산하면 된다.

가상자산의 경우, 신고의무자는 보유한 가상자산 계좌(계정)가 개설된 해당 해외 가상자산거래소의 매월 말일 최종가격을 확인하여 잔액을 산출해야 한다.

가상자산 지갑과 같이 해외 가상자산사업자가 매매 서비스를 제공하지 않아 가상자산의 매월 말일 최종가격을 확인할 수 없다면, 신고의무자는 본인이 보유한 가상자산을 거래하는 국내외 거래소들의 매월 말일 최종가격 중 하나를 임의로 선택하여 가상자산 잔액을 산출해야 한다.

매월 말일의 보유계좌 잔액 중 최고금액을 계산할 때 신고기준일은 매월 말일에 보유한 해외 금융계좌 잔액을 원화로 환산하여 합산한 금액이 가장 큰 날이며, 그 기준일 현재 보유 중인 모든 해외 금융계좌의 잔액 합계가 5억 원을 초과하는 경우 그날의 계좌별 잔액을 신고한다.

해외 금융계좌 자산별 월말 잔액 산출방법

자산	산출방법
현금	해당하는 매월 말일 종료시각 현재의 잔액
상장된 주식과 그 주식을 기초로 발행한 예탁증서	해당하는 매월 말일의 종료시각 현재의 수량 × 해당하는 매월 말일의 최종가격(해당하는 매월 말일이 거래일이 아닌 경우 그 직전 거래일의 최종가격)
상장채권	
가상자산	
집합투자증권 및 이와 유사한 해외집합투자증권	해당하는 매월 말일의 종료시각 현재의 수량 × 해당하는 매월 말일의 기준가격(해당하는 매월 말일의 기준가격이 없는 경우, 해당하는 매월 말일 현재의 환매 가격 또는 해당하는 매월 말일 전 가장 가까운 날의 기준가격)
보험상품 및 이와 유사한 해외 보험상품	해당하는 매월 말일의 종료시각 현재의 납입금액
그 밖의 자산	해당하는 매월 말일의 종료시각 현재의 수량 × 해당하는 매월 말일의 시가(시가산정이 곤란한 경우에는 취득가액)

다음 사례에서 신고의무자가 보유한 해외 금융계좌의 매월 말일 잔액 합계액이 5억 원을 초과한 달은 2월(8억 원), 5월(7억 원), 8월(6억 원)이다.

우선, 매월 말일 잔액 합계액이 가장 큰 달은 2월이므로 2월 말일이 신고기준일이 된다. 신고의무자는 2월 말 현재 보유 중인 A계좌 잔액(예금 3억 원), B계좌 잔액(가상자산 1억 원), D계좌 잔액(채권 4억 원)과 그 합계액(8억 원)을 신고해야 한다.

신고기준일(2월 말일) 이후 5월에 개설한 C계좌(보험)는 연중에 보유하더라도 신고대상에 포함되지 않고, 신고기준일에 보유한 D계좌(채권)는 연중에 해지했더라도 신고대상에 포함됨을 유의해야 한다.

해외 금융계좌 잔액 중 최고금액 계산 사례

(단위: 억 원)

기준일 계좌	1/ 31	2/ 28	3/ 31	4/ 30	5/ 31	6/ 30	7/ 31	8/ 31	9/ 30	10/ 31	11/ 30	12/ 31
A계좌 잔액 (예금)	1	3	1	2	2	-	-	2	4	2	1	1
B계좌 잔액 (가상자산)	2	1	1	1	1	-	-	-	-	1	2	1
C계좌 잔액 (보험)	계좌 미개설			1	2	2	4	-	1	-	1
D계좌 잔액 (채권)	1	4	1	1	3	1	계좌 해지					
합계	4	8	3	4	7	3	2	6	4	4	3	3

해외 가상자산계좌를 신고하지 않으면 어떤 제재를 받을까?

먼저 신고대상 계좌를 신고기한 내에 미(과소)신고한 경우, 미(과소)신고 금액에 대해 최대 20%에 상당하는 과태료가 부과된다.

미(과소)신고 과태료 부과 기준

미(과소)신고 금액	과태료
20억 원 이하	해당금액 × 10%
20억 원 초과~50억 원 이하	(2억 원 + 20억 원 초과금액) × 15%
50억 원 초과	MIN[(6.5억 원 + 50억 원 초과금액) × 20%, 20억 원]

다음으로 미(과소)신고 금액이 50억 원을 초과하는 경우 벌금 상당액을 부과하는 통고처분 또는 형사처벌을 받을 수 있다. 형사처벌은

2년 이하의 징역 또는 13~20% 벌금(**징역·벌금형을 동시에 부과 가능**)이다. 또한, 미(**과소**)신고 금액이 50억 원을 초과하는 경우 국세정보위원회의 심의를 거쳐 성명·직업·주소·위반금액 등 인적사항이 공개될 수 있다.

국세청은 국가 간 정보교환자료, 외국환 거래자료, 금융정보분석원(**FIU**) 등 다른 기관 통보자료, 자체 수집자료 등을 심층 분석하여 해외 금융계좌 미신고 혐의 및 역외탈세 혐의를 검증하고 있다. 특히, 해외 금융계좌 신고대상에 포함된 가상자산의 경우 OECD가 도입을 검토 중인 가상자산 정보교환 보고규정(**CARF**)이 시행되면 실효적인 검증에 큰 도움이 될 것으로 기대된다.

해외 금융계좌 미신고자에 대해 중요한 자료를 제보하는 경우 최고 20억 원까지 포상금도 지급하고 있다.

해외 가상자산계좌 신고 비중은 얼마나 될까?

2023년 9월 20일에 발표된 국세청 보도자료*에 따르면 올해부터 신고대상에 포함된 가상자산계좌는 첫 신고임에도 불구하고 개인·법인 신고자 1,432명이 130.8조 원을 신고하여 전체 신고자산 중 가장 많은 금액(**전체 신고금액 대비 70.2%**)을 차지했다. 그야말로 엄청난 가액과 비중이라고 할 수 있다.

◆　국세청 보도자료(2023.9.20.), "해외 가상자산 131조 원, 국세청에 최초 신고".

2023년 해외 금융계좌 신고실적

(단위: 명, 조 원)

구분	예·적금	주식	집합투자증권	파생상품	기타	가상자산	총신고
'23년 신고인원 (금액)	2,942 (22.9)	1,590 (23.4)	251 (5.2)	100 (2.1)	593 (2.0)	1,432 (130.8)	5,419 (186.4)
'22년 신고인원 (금액)	2,489 (22.3)	1,692 (35.0)	208 (3.5)	81 (1.4)	512 (1.8)	-(-)	3,924 (64.0)

　　법인신고자 중에서는 73개 법인이 120.4조 원**(법인 전체 신고금액 대비 74.3%)**을 신고했는데, 코인 발행사인 법인신고자들이 자체 발행한 코인 중 유보한 물량을 해외 지갑에 보유하다가 올해 최초로 신고한 것 등이 그 주된 원인으로 분석된다.

　　해외 가상자산계좌의 경우 해외 가상자산사업자의 소재지를 알면 그 주소를 기재하지만, 모르면 해외 가상자산사업자의 웹사이트 주소를 기재하기 때문에 국가별 분포 분석은 어렵다는 내용도 눈에 띈다.

　　해외 가상자산계좌를 신고한 개인신고자의 연령대별 보유현황을 살펴보면 신고인원 비율은 30대**(40.2%)** > 40대**(30.2%)** > 50대**(14.1%)** 순으로 높았으며, 신고금액 비율은 30대**(64.9%)** > 20대 이하**(14.7%)** > 40대**(12.7%)** 순이었다. 1인당 평균 신고금액은 30대**(123.8억원)** > 20대 이하**(97.7억 원)** > 50대**(35.1억원)** 순으로 높았다.

　　국세청은 국가 간 정보교환자료 등을 활용하여 해외 금융계좌 미신고 혐의자를 철저히 검증하고 과태료 부과, 통고처분, 형사고발, 명단 공개 및 관련 세금 추징 등을 엄정히 집행할 예정이라고 밝혔다.

　　수정·기한 후 신고자는 최대 90%까지 과태료 감경이 가능하고,

특히 우리나라의 국세청을 포함한 전 세계 과세당국이 도입을 추진 중인 가상자산 거래내역 등의 가상자산 정보교환 보고규정(CARF)에 따라 정보교환을 준비 중인 만큼, 신고대상자라면 해외 가상자산계좌도 조속히 수정하여 기한 후 신고를 하는 게 바람직하다.

Q&A 로 알아보는
해외 가상자산계좌 신고

Q 해외 금융계좌 신고와 관련 있는 해외 가상자산사업자는 누구인가?

A 본점 또는 주사무소가 외국에 있는 자로서 「특정금융정보법」 제2조 제1호 (하) 목에 규정된 가상자산의 매도, 매수, 교환, 이전, 보관, 관리 등의 행위를 영업으로 하는 자 및 이와 유사한 사업자를 의미하며, 해외 가상자산거래소와 해외 지갑사업자 등이 이에 속한다.

Q 연중 파산한 거래소(ex: FTX)의 계좌에 보유한 가상자산도 신고대상인가?

A 파산한 거래소의 계좌라 하더라도 가상자산 거래를 위해 해외 금융회사 등에 개설한 해외 금융계좌이고, 해당 연도의 매월 말일 중 보유계좌 잔액의 합계액이 5억 원을 초과하는 금액이 가장 큰 날에 해당 계좌를 보유한 경우라면 「국제조세조정에 관한 법률」 제53조에 따라 신고대상에 해당한다.

Q 해외 가상자산 지갑사업자를 통해 만든 지갑도 신고대상인가?

A 해외 가상자산 지갑사업자는 「특정금융정보법」 제2조 제1호 (하)목에 규정된 대로 국외에 소재하며 가상자산의 보관, 관리 등의 행위를 영업으로 하는 자로서

해외 금융회사 등에 해당한다. 따라서 거주자 또는 내국법인이 해외 가상자산 지갑사업자와 가상자산 거래를 위해 만든 지갑을 포함한 해외 금융계좌 잔액의 합계액이 매월 말일 중 어느 하루라도 5억 원을 초과하면 해외 금융계좌 신고대상에 해당한다.

Q 거주자가 해외 가상자산 지갑사업자를 통하지 않고 스스로 개인지갑을 생성하는 경우에도 신고대상인가?

A 신고대상인 '해외 금융계좌'는 금융거래 및 가상자산 거래를 위해 해외 금융회사 등에 개설한 계좌를 의미하므로, 해외 가상자산 지갑사업자를 통하지 않고 개인이 스스로 개인지갑을 생성한 경우에는 해외 금융계좌 신고대상에 해당하지 않는다.

Q 국내 가상자산거래소 계좌도 신고대상인가?

A 국내 가상자산거래소에 개설한 계좌는 신고대상이 아니다. 단, 국내 가상자산거래소의 국외 사업장 또는 해외 현지법인에 개설한 계좌는 신고대상이다.

Q 거주자 甲이 해외 가상자산거래소 A에 가상자산 K를 보유하고 있다. 기준일 현재 가상자산 K의 최종가격이 해외 가상자산거래소 A에서는 5.1억 원, 해외 가상자산거래소 B에서는 4.9억 원과 같이 해외 가상자산거래소별로 각각 다른 경우에 금액을 산정하는 방법은?

A 가상자산의 가격이 거래소마다 다르더라도 신고의무자는 본인이 개설한 거래소의 가상자산 최종가격을 확인하여 신고해야 한다. 따라서 가상자산 K의 가격을 산정할 때는 거주자 甲이 가상자산을 보유한 해외 가상자산거래소 A의 기준일 현재 최종가격인 5.1억 원이 적용된다.

Q 가상자산 선물거래를 위해 해외 가상자산거래소에 개설한 계좌도 신고대상인가?

A 그렇다. 해외 금융계좌 신고대상이다.

Q 해외 가상자산 지갑사업자는 해외 가상자산거래소와 달리 지갑(보관) 서비스만 제공하므로 제시할 최종가격이 없다. 이럴 경우 해외 가상자산 지갑사업자의 지갑(계좌) 내 가상자산의 매월 말일 잔액은 어떻게 산출해야 하나?

A 가상자산거래소와 달리 가상자산 매매 서비스를 제공하지 않아 매월 말일에 지갑(계좌) 내에 보관한 가상자산의 최종가격을 확인할 수 없다면, 신고의무자는 본인이 보유한 가상자산이 거래되는 국내외 거래소들의 매월 말일 최종가격 가운데 하나를 선택하여 지갑(계좌) 내 가상자산의 잔액을 산출해야 한다.

Q 신고시점에 폐업·해산·파산한 해외 가상자산거래소(ex: FTX)는 매월 말일 최종가격을 제공하지 않는다. 이러한 해외 가상자산거래소에 개설한 계정(계좌) 내 가상자산의 매월 말일 잔액은 어떻게 산출해야 하나?

A 해외 가상자산거래소가 폐업·해산·파산하여 신고의무자가 매월 말일에 해당 거래소의 계정(계좌) 내에 보관한 가상자산의 최종가격을 확인할 수 없다면, 신고의무자는 본인이 보유한 가상자산이 거래되는 국내외 거래소들의 매월 말일 최종가격 가운데 하나를 선택하여 계정(계좌) 내에 보관한 가상자산의 잔액을 산출해야 한다.

예를 들어 만약 바이낸스 계정에 기준일 현재 보관한 비트코인 잔액이 4억 달러, 이더리움 잔액이 3억 달러라면 이 가격을 기준으로 잔액을 산출할 수 있다.

Q 가상자산의 계좌번호는 무엇을 입력하면 되나?

A 가상자산계좌의 계좌번호(Account number)는 하이픈(-) 표시 없이 연속으로 숫자나 기호를 적는다. 계좌번호가 없다면 계정명(Account name)을 적는다. 해외 금융계좌 신고서 서식의 '⑩금융회사명'에 바이낸스(Binance), '⑪계좌종류'에 가상자산, '⑫계좌번호'에 계정명을 적는다.

Q 해외 가상자산계좌 잔액은 가상자산 종류별로 기재하나?

A 동일한 계정에 여러 종류의 가상자산을 보유 중이라면, 기준일 현재 잔액을 적을 때 가상자산 종류별로 기재하는 것이 아니라 동일 계정 내 모든 가상자산의 합계액을 기재한다.

Q 해외 가상자산사업자의 소재지를 잘 모르는 경우에는 어떻게 신고하나?

A 해외 금융계좌 신고서 서식의 '⑲금융회사 소재지 그 밖의 상세 주소'에 해외 가상자산사업자의 소재지를 알면 그 주소를 기재하고, 모르는 경우에는 해외 가상자산사업자의 웹사이트 주소를 적는다.

Q 5억 원이 넘는 해외 가상자산계좌를 2020년부터 계속 보유했는데 신고대상인지 이번에 처음 알게 되었다. 기한 후 신고를 해야 하나?

A 해외 가상자산계좌의 해외 금융계좌 신고는 2022년 1월 1일 이후 신고의무 발생분부터 적용된다(2023년 6월 신고). 따라서 2021년 12월 31일 이전 보유분에 대해서는 기한 후 신고를 할 필요가 없으나, 2022년 1월 1일 이후 신고의무 발생분을 신고하지 않은 경우라면 과세당국이 과태료를 부과하기 전까지 해외 금융계좌정보에 대해 기한 후 신고를 할 수 있다.

07

세금을 체납하면
가상자산이 압류·매각될 수도 있다

세금을 체납하면 어떻게 될까? 「국세징수법」상 절차가 이행된다. 독촉 및 납부고지를 받고도 기한까지 세금을 완납하지 않으면 '재산 압류 → 압류재산 매각 → 매각대금 배분(청산)'의 행정처분이 집행된다. 가상자산도 예외는 아니다. 2021년 국세청이 발표한 보도자료[*]에 따르면, 가상자산은 경제적 가치를 지녀 전자적으로 거래하거나 이전될 수 있는 전자적 증표로 정의된다. 국세청은 2018년 5월 대법원에서 가상자산을 몰수 대상인 재산적 가치가 있는 무형 재산에 해

---

[*] 국세청 보도자료(2021.3.15.), "비트코인 등 가상자산을 이용하여 재산을 은닉한 고액체납자 2,416명, 366억 원 현금징수·채권확보".

당한다고 판결했기에, 최근 가상자산의 투자자 수와 거래대금이 크게 증가함에 따라 가상자산으로 재산을 은닉한 고액체납자에 대해 정부 부처 최초로 강제징수를 실시했다고 밝혔다. 보도자료에 실린 가상자산 강제징수 사례를 살펴보자.

사례 1 | 병원 사업소득을 가상자산으로 은닉한 사례

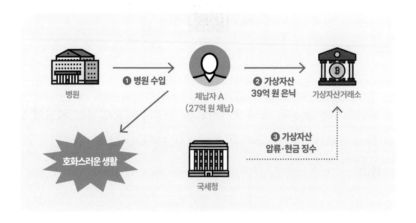

체납자 A는 서울 강남에서 ○○병원을 운영하며 고가 아파트에 거주하는 등 호화스럽게 생활하는 전문직 사업자로, 체납액 27억 원을 납부하지 않고 수입금액을 가상자산으로 바꿔 39억 원을 은닉했다.

국세청은 병원 수입금액을 가상자산으로 은닉한 사실을 확인하고, 체납자 A가 보유한 가상자산을 압류했다. 그러자 A는 체납액 27억 원을 전액 현금으로 납부했다.

사례 2 | 전자상거래업 수입금액을 가상자산으로 은닉한 사례

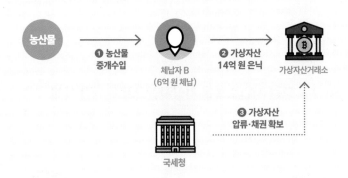

    체납자 B는 농산물 전자상거래업을 운영하는 사업자로 체납액 6억 원을 납부하지 않고, 수입금액을 가상자산으로 바꿔 14억 원을 은닉했다.

    국세청은 사업 수입금액을 가상자산으로 은닉한 사실을 확인하고, 체납자 B가 보유한 가상자산을 압류하여 전액 채권으로 확보했다.

사례 3 | 고액의 부동산 양도대금을 가상자산으로 은닉한 사례

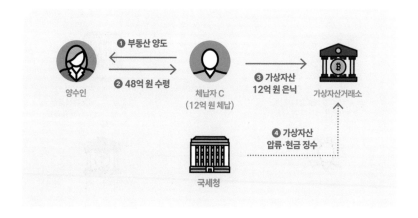

체납자 C는 경기도 소재 부동산을 48억 원에 양도한 후 양도소득세 12억 원을 납부하지 않고, 고액의 양도대금을 가상자산으로 바꿔 12억 원을 은닉했다.

국세청은 고액의 양도대금을 가상자산으로 은닉한 사실을 확인하고, 체납자 C가 보유한 가상자산을 압류하고 전액 추심하여 현금으로 징수했다.

사례 4 | 금융재산 상속세 미납부 및 가상자산으로 은닉한 사례

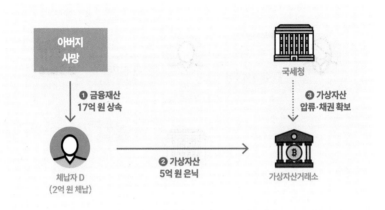

체납자 D는 아버지의 사망으로 상속받은 금융재산 17억 원에 대한 상속세 2억 원을 납부하지 않고, 상속 재산을 가상자산으로 바꿔 5억 원을 은닉했다.

국세청은 상속재산을 가상자산으로 바꿔 은닉한 사실을 확인하고, 체납자 D가 보유한 가상자산을 압류하여 전액 채권으로 확보했다.

사례 5 | 현금 증여재산 과소신고 후 가상자산으로 은닉한 사례

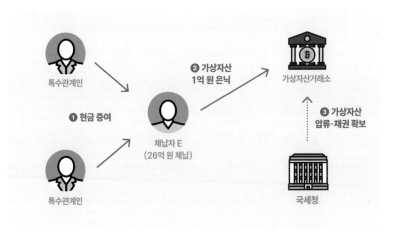

체납자 E는 특수관계자들로부터 수차례에 걸쳐 증여받은 재산을 과소신고하여 발생한 체납액 26억 원을 납부하지 않고, 증여받은 재산을 가상자산으로 바꿔 1억 원을 은닉했다.

국세청은 증여받은 현금을 가상자산으로 은닉한 사실을 확인하고, 체납자 E가 보유한 가상자산을 압류하여 1억 원의 채권을 확보했다. 그리고 체납자 E를 대상으로 현금으로 증여받은 재산에 대한 강도 높은 추적조사를 진행했다.

국세청은 2024년 5월부터 압류한 가상자산을 최초로 직접 매각하여 체납액을 징수하기 시작했다. 국세청이 2021년부터 세금 체납으로 압류한 가상자산은 총 1,080억 원이며 이 중 946억 원은 이미 현금으로 징수를 완료했다. 한편, 그간 과세관청을 포함한 법인은 가상자산거래소에서 거래가 제한되어 압류한 가상자산일지라도 직접 매각하거나 징수할 수 없었다. 하지만 국세청은 관계기관과 협의하여 2024년 5월부터 가상자산을 직접 매각하기 시작했다. 현재 가상자산 11억 원을 직접 매각하여 체납액에 충당했고, 나머지 압류 중인 가상자산 123억 원에 대해서도 계속하여 매각·징수할 예정이라고 밝혔다. 국세청이 추적 후 매각한 사례는 다음과 같다.

사례 6 | 국세청이 압류 가상자산을 직접 매각 후 징수한 사례

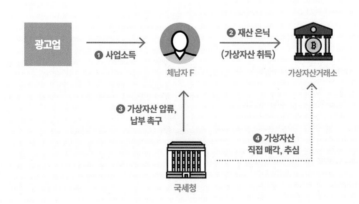

체납자 F는 수년간 부가가치세 등을 납부하지 않아 총 ○○건을 체납한 고액·상습 체납자이며, 국세청은 체납자 F가 가상자산 ○억 원을 취득한 사실을 확인했다. 국세청은 2023년 8월 체납자가 보유한 가상자산을 압류하고 전화와 우편 등으로 수차례 납부를 독려했으나 이에 응하지 않자, 2024년 5월 가상자산을 직접 매각하여 체납액 □억 원을 징수했다.

가상자산 직접 매각 절차

① 가상자산사업자에게 압류 통지 → 압류: 이전·매매 동결

② 체납자에게 압류한 가상자산의 이전·매각 예정 통지

③ 가상자산사업자에게 압류한 가상자산의 이전 요청

④ 가상자산사업자는 가상자산을 세무서 계정으로 이전

⑤ 세무서장은 가상자산을 매각하여 체납액에 충당

상위 1% 자산가들이 찾는 세무사가 알려주는 모르면 끝장나는 코인투자 세금

가상자산 투자자가 이전단계에서 마주하는 세금

3부

2024년 5월 14일 금융위원회 금융정보분석원이 2023년 하반기 가상자산사업자 실태를 조사해 발표한 결과를 살펴보면, 국내 시장의 가상자산 시가총액이 대폭 증가한 것을 알 수 있다. 2024년 6월 말 기준, 글로벌 가상자산 시가총액은 3,125조 원(코인마켓캡 기준)으로 2023년 12월 말(2,143조 원) 대비 46% 증가했고, 국내 시장의 가상자산 시가총액(가상자산사업자 실태조사 제출자료 기준)은 55.3조 원(2024년 6월 말)으로 2023년 말(43.6조 원) 대비 27% 증가했다.

이렇듯 시가총액이 증가한 이유는 국내외 호재 발생에 따라 비트코인을 중심으로 가격과 거래량 상승세가 이어졌기 때문이다. 비트코인 가격(2024년 6월 말 기준, 62,678달러)이 2023년 12월 말(42,265달러) 대비 48% 상승한 것이 핵심이라고 볼 수 있다.

그 외에 해외에서는 미국 비트코인 현물 ETF로의 자금 유입과 미 대선 당선자인 트럼프 대통령의 가상자산 지원 정책 예고가 있었고, 국내에서는 일부 가상자산거래소의 거래 수수료 무료 정책 등으로 거래량이 증가했으며 국내 거래량 증가가 글로벌 시장에 영향을 준다고 평가하기도 했다.

가상자산 시장의 성장으로 인해, 가상자산을 무상으로 자녀에게 증여하거나 상속하고자 할 때 어떻게 해야 하는지를 묻는 절세상담 문의도 대폭 늘어났다. 투자할 종잣돈을 마련하고, 수익을 벌고 그 수익으로 안전자산을 구입하거나 수익 실현 전에 상속이 일어나는 일련의 과정에서 발생하는 증여세와 상속세의 모든 부분과 관련한 내용이 대표적이다.

앞서 취득단계에서 만나는 세금 부분에서는 가상자산에 투자할 종잣돈 마련을 위한 간단한 증여세 지식을 살펴보았다. 3부에서는 가상자산의 이전단계에서 만나는 세금을 살펴본다. 가상자산 투자를 통해 얻은 소득으로 안전자산인 부동산을 구입할 때 발생하는 증여세, 가상자산과 관련한 상속세 그리고 가상자산에서 타 자산군으로 자금 이전 시 발생할 수 있는 자금출처조사에 대해 중점적으로 알아보자.

01

가상자산 상속과 증여에 대한 과세는 이미 시작되었다

　가상자산을 양도하고 대여함으로써 발생하는 소득인 가상자산소득에 대해서는 2027년 1월 1일부터 과세되므로, 현재는 가상자산에 단 1원도 세금이 발생하지 않는 것으로 알고 있는 납세자가 많다.

　그러나 가상자산의 상속과 증여에 대해서는 이미 과세가 되고 있다. 상속과 증여는 무상의 이전을 말하며 증여는 생전에 무상 이전하는 것이고, 상속은 사망을 원인으로 무상 이전하는 것이다. 증여세와 상속세의 차이점을 비교하면서 두 세금의 기초적인 지식을 알아보자.

증여세와 상속세의 차이점 비교

구분	증여세	상속세
개념	증여자 생전에 수증자에게 재산이 이전될 때 발생하는 세금	피상속인의 사망으로 인해 상속인에게 재산이 이전될 때 발생하는 세금
계산 방식	유산 취득형 방식	유산 과세형 방식
납세의무자	수증자	상속인
신고·납부기한	증여받은 날이 속하는 달의 말일부터 3개월 이내	상속개시일이 속하는 달의 말일부터 6개월 이내
관할세무서	수증자의 주소지	피상속인의 주소지
장점	수증자별로 과세되어 인별로는 낮은 세율을 적용할 수 있다.	상속공제액이 다양하고 크다.
단점	배우자를 제외한 증여재산공제액이 상속세보다 현저히 작다.	상속재산 전체에 대한 과세이므로 고율의 세율이 적용된다.
세율	10~50% 누진세율	

1 | 유산 과세형과 유산 취득형

가장 먼저 구분할 점은 유산 과세형과 유산 취득형 방식으로 나뉜다는 것이다. 상속세는 '유산 과세형'으로 피상속인의 전체 상속재산가액을 기준으로 상속세액을 계산하고, 이렇게 계산한 상속세액은 상속인들이 공동 부담한다.

반면 증여세는 '유산 취득형'으로 각각의 수증자는 본인이 증여받은 증여재산을 기준으로 세액을 계산하고, 이렇게 계산한 증여세액은 다른 수증자와 관계없이 본인이 단독으로 부담한다.

과세 방식별 세 부담의 차이 예시

과세 방식	유산 과세형		유산 취득형	
상속인	자녀 2명	자녀 4명	자녀 2명	자녀 4명
인별 상속재산	10억 원	5억 원	10억 원	5억 원
인별 부담 세액	3억 2,000만 원	1억 6,000만 원	2억 4,000만 원	9,000만 원
총부담세액	6억 4,000만 원		4억 8,000만 원	3억 6,000만 원

*계산 시 가정: 상속재산 20억 원, 공제제도는 고려하지 않음

2 | '상속개시일'과 '증여받은 날'은 무엇일까?

'상속개시일'이란 피상속인이 사망한 날을 말하고, 실종선고로 인해 상속이 개시되는 경우에는 실종선고일을 말한다. '증여받은 날'이란 재산을 인도한 날 또는 사실상 사용한 날 등을 말한다.

3 | 신고 및 납부는 어디에 할까?

상속세는 피상속인의 주소지(주소지가 없거나 분명하지 않은 경우에는 거소지)를 관할하는 세무서에 신고 및 납부해야 하며, 증여세는 수증자의 주소지(주소지가 없거나 분명하지 않은 경우에는 거소지)를 관할하는 세무서에 신고 및 납부해야 한다. 다만, 수증자가 비거주자이거나 수증자의 주소 및 거소가 분명하지 않은 경우 등에 속한다면 증여자의 주소지를 관할하는 세무서에 신고 및 납부해야 한다.

상속세와 증여세의 차이

상속세와 증여세는 똑같은 세율을 적용받는다. 그러다 보니 세 부담에 차별이 없다고 보고, 상속이나 증여 중 어떤 방식을 통하더라도 부의 이전에 대한 의사결정을 할 때 세금이 미치는 영향은 미미하다고 생각할 수 있다.

그러나 재산가액이 동일하더라도 부의 이전 방식 중 어떤 것을 선택하느냐에 따라 큰 차이가 있다. 과세방식과 공제제도가 상이하기 때문이다.

상속세의 경우 유산 과세형 방식으로 망자인 피상속인이 상속개시일에 가진 총 재산가액에 대해 과세한다. 증여세의 경우에는 유산 취득형 방식으로 수증자가 기준이며 증여받은 재산가액에 대해서만 과세한다. 결국 과세방식으로만 계산하면, 증여받는 자녀 수가 많을수록 증여세가 분산된다는 세 부담 관점에서 볼 때 상속보다 증여가 유리하다.

공제제도도 같이 살펴봐야 한다. 증여세의 대표적인 공제로 10년간 배우자는 6억 원, 직계존비속은 5,000만 원, 기타 친족은 1,000만 원의 증여재산공제를 적용받는다.

상속세는 어떨까? 상속세의 대표적인 공제로는 일괄공제 5억 원이 있다. 그리고 배우자가 생존한 상태에서 먼저 사망함에 따라 최대 30억 원까지 공제해 주는 배우자상속공제, 순금융재산가액의 20%를 2억 원 한도로 공제해 주는 금융재산상속공제, 그 외에 동거 주택

상속공제 및 가업상속공제 등이 있다. 이때 공제를 적용받은 후의 금액인 과세표준을 기준으로 세율이 적용된다.

상속세와 증여세는 이렇게 과세방식과 공제제도가 상이하므로, 단순히 상속이 나은지 증여가 나은지를 묻는 질문에 즉각적으로 답변하는 것은 불가능하다. 가족 구성원의 수, 소유한 재산 규모 및 경제력과 예상 수명기간 등 각 가족이 처한 환경마다 계산이 달라지기 때문이다.

또한, 2024년에는 개편되지 않았지만 상속세의 경우 세제개편을 계속 논의 중이므로 상속세에 대한 부담이 날로 줄어들 수 있다는 점도 고려해야 한다. 이렇게 가상자산 관련 제도가 매해를 거듭할수록 변경되듯이 세법도 해가 갈수록 변경된다는 점을 잊지 말자.

02

가상자산으로 돈 벌어 내 집 사는데 세무조사가 나온다고?

필자는 가상자산 투자로 큰 수익을 낸 투자자의 자산관리 상담을 계속 진행하고 있다. 가상자산은 등락이 큰 편이고 세금이 과세되지 않다 보니 이와 반대되는 형태의 자산 중 세금이 필히 수반되는 부동산, 그중에서도 특히 주택을 취득할 때 세무사와 꼭 상담해 보라는 조언을 듣고 상담을 요청하는 경우가 대부분이다.

가상자산 투자에서 '세금'은 전혀 중요한 문제가 아니라서 세무사를 왜 만나야 하는지 모르겠다는 가상자산 투자자도 많이 마주한다. 그러나 다른 투자처이자 자산군인 부동산을 취득하는 단계라면, 이와 관련하여 새로운 자산관리 지식을 습득하는 것이 매우 중요하다고 볼 수 있다.

그리고 가상자산으로 큰돈을 번 투자자는 안전자산인 부동산을 구입하는 데 관심을 쏟을 수밖에 없다. '상승장'이 끝났다고 판단할 경우, 변동성이 아주 큰 가상자산의 특징을 고려할 때 자산을 안전하게 담아둘 바구니가 필요하기 때문이다. 이는 적절한 자산 포트폴리오를 구성하는 일에 해당하는데 이렇게 다른 자산군으로 자금을 이동할 때 그 자산군의 흥망성쇠, 즉 사이클과 해당 자산을 지키기 위해 반드시 알아야 하는 지식을 공부하지 않는다는 것은 가상자산 투자로 힘들게 번 돈을 길바닥에 버리겠다는 이야기와 다름없다.

2017년에 시행된 8·2대책 이후로 쏟아진 수많은 부동산 대책 중 하나가 바로 부동산 취득 시 의무적으로 제출해야 하는 '주택취득자금 조달 및 입주계획서**(자금조달계획서)**'다.

거래 당사자는 부동산의 매매계약 등을 체결한 경우, 실제 거래가격 등 대통령령으로 정하는 사항을 거래계약의 체결일부터 30일 이내에 그 권리의 대상인 부동산 등의 소재지를 관할하는 시장·군수 또는 구청장에게 신고해야 한다.

실거래가 신고와 더불어, 다음 요건에 해당하는 주택 및 토지를 취득하는 경우에는 그 취득자금의 조달 방법을 명시한 자금조달계획서를 작성하여 제출해야 한다.

① 주택의 매수
- 법인 외의 자가 실제 거래가격이 6억 원 이상인 주택을 매수하거나 투기과열지구 또는 조정대상지역에 소재하는 주택을 매수하는 경우

- 추가로 투기과열지구 내 주택 거래신고 시 거래가액과 무관하게 자금 조달 계획을 증명하는 서류를 첨부하여 제출해야 함

② 토지의 일반 매수
- 실제 거래가격이 다음에 해당하는 금액 이상인 토지를 매수하는 경우
  1) 수도권 등에 소재하는 토지: 1억 원
  2) 수도권 등 외의 지역에 소재하는 토지: 6억 원
- 1회의 토지거래계약으로 매수하는 토지가 둘 이상인 경우에는 매수한 각각의 토지 가격을 모두 합산
- 신고대상 토지거래계약 체결일부터 역산하여 1년 이내에 매수한 연접한 토지가 있는 경우에는 그 토지 가격을 거래가격에 합산하여 자금조달계획을 작성

③ 토지의 지분 매수
- 실제 거래가격이 다음에 해당하는 금액 이상인 토지를 지분 매수하는 경우
  1) 수도권 등에 소재하는 모든 토지
  2) 수도권 등 외의 지역에 소재하는 토지: 6억 원

이는 기존 「부동산 거래신고 등에 관한 법률」의 계약 당사자, 계약 체결일, 거래가액 정보 외에 주택자금조달계획, 입주계획 및 자금출처 등을 확인하여 증여세 등 탈루 여부를 조사하고, 전입신고 등과 대조 및 확인하여 미신고자, 허위신고자 등에게 과태료를 부과하기 위해서다.

자금조달계획서 증빙서류 목록

구분	세부항목	증빙서류
자기 자금	금융기관 예금액	통장사본, 예금 잔액증명서, 수표발급내역 등
	주식·채권 매각대금	주식거래명세서, 잔액증명서 등
	부동산 처분 대금	매매계약서, 임대차계약서 등
	증여·상속	증여·상속세 신고서, 납세증명서 등
	현금 등 그 밖의 자금	소득금액증명원, 근로소득원천징수영수증 등
차입금 등	금융기관 대출액	금융거래 확인서, 부채증명서, 대출신청서 등
	임대 보증금	전·월세 임대차계약서 등
	회사 지원금, 사채, 그 밖의 차입금	회사 지원금 신청 또는 입출금 내역, 차용증 등 금전 차용을 증빙할 수 있는 서류 등

　　자금출처를 인정받으려면 증빙서류를 제출해야 하는데, 국세청에서 정당한 자금출처로 인정하는 소득금액과 증빙서류는 다음과 같다.

자금출처로 인정되는 소득금액과 증빙서류

구분	자금출처로 인정되는 소득금액	증빙서류
근로소득	총급여액 - 원천징수세액	원천징수영수증
퇴직소득	총급여액 - 원천징수세액	원천징수영수증
사업소득	소득금액 - 소득세상당액	소득세신고서 사본
이자·배당·기타소득	총급여액 - 원천징수세액	원천징수영수증
차입금	차입금액	부채 증명서
임대보증금	보증금 또는 전세금	임대차계약서
예·적금 등 금융자산	예·적금 금액	통장 사본
보유재산 처분액	처분가액 - 양도소득세 등	매매 계약서
상속·증여로 신고된 자산	상속·증여 재산가액	상속·증여세신고서 사본

이 과정에서 관할 시·군·구청 및 한국부동산원에서는 증빙서류를 확인하여 불법 증여, 대출규정 위반 등 의심되는 거래를 집중 관리 대상으로 선정하고, 실거래 신고 즉시 조사에 착수한다.

국민에게 신뢰받는 부동산 전문기관

한 국 부 동 산 원

수신 거래당사자
(경유)
제목 부동산 거래신고에 따른 관련자료 제출 요청

1. 우리 원에서는 『부동산 거래신고 등에 관한 법률』(이하 '같은 법')제6조제3항, 제25조3 및 같은 법 시행령 제19조의4에 따라 신고내용 조사업무를 수행하고 있습니다.

2. 귀하께서 신고관청 (시·군·구)에 신고하신 부동산 거래(또는 거래의 해제 등)에 대한 신고내용 사실여부를 확인하기 위해 증빙자료의 제출을 요청하오니 **붙임 2. 증빙자료 제출 안내문을 참고하여 증빙자료와 소명서 및 질문지를 2024년 02월 21일 까지 우리 원 홈페이지(www.reb.or.kr) 또는 팩스(053-643-7100)로 제출**하여 주시기 바랍니다.

3. 같은 법 제28조제1항에 따라 제출기한 내에 요청된 증명자료를 제출하지 않거나 거짓으로 제출하는 경우에는 3천만원 이하의 과태료가 부과될 수 있으며, 같은 법 제29조에 따라 위반사실을 자진 신고한 최초 신고자는 과태료가 감경(50%)될 수 있습니다. 아울러 신고내용 조사 결과 위법사항이 있다고 판단될 경우에는 같은 법 제6조제5항에 따라 관계기관에 통보될 수 있음을 알려드립니다.

한국부동산원 부동산 거래신고 조사(출처: 한국부동산원)

"다시 뛰는 송파! 창의와 혁신의 구청"

송파구

수신자 수신자 참조
(경유)
제목 부동산 거래신고에 따른 관련자료 제출 요청(거래당사자)

1. 안녕하십니까? 우리 구에 접수된 거래신고 내역을 대상으로 귀하께서 거래 신고하신 부동산이 국토교통부로부터 『부동산 거래신고 등에 관한 법률』 제5조에 따라 적정성 검사 조사대상으로 통보되어 『부동산거래가격 검증체계 운영 및 신고내용 조사 규정』에 따라 부동산 거래 사실에 대한 신고내용을 조사하고자 하오니,

2. 실제 거래가격임을 증명할 수 있는 자료를 2023. 7. 17.(월)까지 이메일 또는 우편 등의 방법을 통해 제출하여 주시기 바랍니다.

3. 『부동산 거래신고 등에 관한 법률』 제29조에 따라 위반 사실을 자진 신고한 최초 신고자는 과태료가 감경(50%) 될 수 있으며, 공인중개사를 통하여 체결 된 부동산 거래 계약에 위반 사항이 있는 경우에는 해당 공인중개사도 조사 대상이 됨을 알려드립니다.

4. 아울러 제출기한 내에 증명자료를 제출하지 않거나 거짓으로 제출하는 경우 같은 법 제28조 제1항 및 제2항에 따라 3천만원 이하의 과태료가 부과될 수 있으니 유의하여 주시기 바랍니다.

시·군·구청 부동산 거래신고 조사

증여 탈세로 의심되는 거래에 대해서는 관할 세무서에 정보를 이관하는데, 이때 관할 세무서에서는 이를 재산 취득자금 증여로 추정하여 증여세 관련 해명자료를 제출하라고 안내한다. 해명자료를 명확히 소명하지 못하면 고액의 증여세가 추징될 수도 있다. 이를 '자금출처조사'라고 한다.

'자금출처조사'란 거주자 또는 비거주자가 재산을 취득(**해외 유출 포함**)하거나 채무의 상환 또는 개업 등에 사용한 자금과 이와 유사한 자금의 원천을 직업·연령·소득 및 재산 상태 등으로 보아 본인의 자금능력에 의한 것으로 인정하기 어려운 경우, 그 출처를 밝혀 증여세 등의 탈루 여부를 확인하기 위해 행하는 세무조사를 말한다.

10억 원의 주택을 구입할 때 아버지로부터 본인 계좌로 10억 원의 자금을 받은 뒤, 본인의 예금 잔액증명서를 보여주면 되지 않느냐고 생각할 수 있다. 그러나 이는 너무 일차원적인 생각이다. 사업을 운영한 지 2년째에 접어들어 본인의 소득금액이 2억 원 정도 된다고 해보자. 본인이 벌어들인 소득금액은 2억 원이 채 안 되는데 예금 잔액증명서가 10억 원이 되었다. 나머지 8억 원에 대해 어떻게 소명해야 할까?

추후 소명을 요청받았을 때 2억 원은 본인의 소득금액으로 입증했다고 가정하고, 나머지 8억 원을 단순히 아버지로부터 증여받았다고 한다면 증여세를 신고하지 않은 것에 대해 본세와 이에 따르는 가산세가 발생한다. 증여세와 가산세를 간략하게 계산해 보면 무려 2억 원 이상의 세액을 납부해야 한다. 해당 증여세를 바로 납부하지 못할 경우 가산세는 하루가 지날 때마다 계속 늘어나며, 납부가 계속 연체되면 최악의 경우에는 본인 명의의 가상자산과 부동산이 압류되어 매각될 수도 있다.

1. 증여세: [8억 원-5,000만 원(직계비속 증여재산공제)] × 30%−6,000만 원=1억 6,500만 원
2. 가산세
   1) 신고불성실가산세(20% 가정): 3,300만 원
   2) 납부지연가산세(100일, 1일당 0.022% 가정): 363만 원
3. 합계: 2억 163만 원

가상자산 투자자가 여기서 알아야 할 것이 한 가지 더 있다. 가상자산소득은 2027년 이전까지는 과세대상이 아니므로 국세청에서 포착하는 본인의 소득이 아니다. 이 말이 무슨 뜻인지 모르겠다면 가까운 세무서를 찾아가거나, 국세청 홈택스 사이트에 접속해서 본인의 소득금액증명원을 발급받아 보자. 만약 최근 10년간 가상자산 투자만 계속했다면 소득금액증명원상에 나오는 소득금액은 0원일 것이다.

가상자산은 과세대상이 아니어서 가상자산 투자로 소득을 벌어도 신고하지 않는다. 따라서 가상자산 투자를 통해 번 소득으로 주택을 구입한다면, 본인이 가상자산으로 어떻게 소득을 벌었는지 하나하나 전부 직접 입증해야 한다.

2027년부터는 가상자산소득세가 부과되기 때문에 국세청에서 소

득을 포착하겠지만, 그 전에 가상자산 소득이 있는 부동산 취득 예정자라면 이 점을 유념하여 자금출처조사에 대비할 근거를 미리 마련해 두어야 한다. 간단할 것 같지만 소명자료를 정리하는 일은 생각보다 번거롭고 쉽지 않다.

또 한 가지 알아둘 것은 자금출처조사를 통해 투자자의 가상자산 투자 종잣돈이 얼마였고, 이 돈이 어디에서 발생한 소득인지에 대한 조사도 당연히 이루어진다는 점이다. 앞서 필자가 가상자산 투자 시 종잣돈 마련과 관련한 세금 부분을 자세하게 적은 이유다. 이 부분을 참고하여 이와 관련한 조사가 나올 수 있다는 것을 반드시 염두에 두어야 한다.

예를 들어 가상자산으로 20억 원의 수익을 올려서 주택을 구입했다고 가정하면, 가상자산으로 20억 원을 번 과정을 최초 종잣돈부터 소명해야 하는 것이다. 이때 종잣돈이 5억 원이었는데 이 자금이 부모님으로부터 차용한 것이 아니라 증여인 것이 밝혀지면 전부 증여세로 추징될 수 있다. 하나의 조사가 다양한 측면으로 파생될 수 있다는 것을 꼭 염두에 두자.

부동산 취득 전 반드시 세무사를 만나야 하는 이유

필자는 몇 십억 원의 가상자산 투자수익을 올리고 아무 생각 없이 부동산을 취득한 후 자금출처조사가 나와 당황스럽다는 고객을 수도 없이 접했다. 이들을 보며 깨달은 점은 하나다. 대부분의 가상자산 투자자는 부동산 지식이 많지 않아 고가의 자산인 부동산 취득을 매우 가볍게 생각한다는 것이다. 조사가 나오기 전까지 '자금조달계획서'가 얼마나 악마 같은 모습으로 본인에게 되돌아올지를 모르는 경우가 태반이다.

이와는 대조적으로 부동산 투자, 특히 주택을 중심으로 투자해 온 고객들 대상으로 강연을 가면 오히려 세무사인 필자도 경험하지 못한 다양한 자금조달 대응 경험담을 듣기도 한다. 결국 경험의 차이가 이러한 차이점을 만든다.

자신이 부동산과 세금에 대해 잘 모른다면, 부동산을 취득하기 전에 세무사를 만나 확실하게 준비하길 권한다. 가상자산 투자자는 '내가 얼마의 종잣돈으로 시작해서 얼마를 벌었으니, 뭐 대충 이 정도 가액의 집을 사면 되는 것 아냐?'라고 생각할 수 있다.

하지만 세무조사는 그러한 사실을 어떻게 '입증'할 것인지의 문제다. 가상자산 거래내역서를 전부 살펴보고 어떤 과정을 통해 종잣돈을 만들었으며, 그 자금의 출처가 본인의 소득인지 아니면 부모의 증여인지, 몇 번의 거래를 거쳤으며 투자수익으로 얼마를 달성했는지 등을 확인해야 한다. 많으면 매일 수백 번의 거래도 이루어지는 모든 투자내역을 검토하는 데 필요한 절대적인 시간도 만만치 않다는 점을 간과해서는 안 된다.

이 내역들을 살펴보며 수많은 가상자산 투자자들은 자신의 왜곡된 기억을 하나씩 확인하게 된다. 부모에게 지원받은 돈이 3,000만 원뿐이어서 증여세 문제는 없을 거라고 생각했지만 따져보니 총 4차례에 걸쳐 1억 4,000만 원을 받은 것이 포착된 고객, 주택 취득 직전 보유한 가상자산이 40억 원이어서 본인이 다 벌었겠거니 생각했지만 몇 번의 청산을 통해 증여받은 가상자산 종잣돈이 6억 원이 넘었던 고객, 본인이 벌어들인 가상자산 수익 60억 원으로 배우자와 공동명의로 주택을 취득했는데 결국 본인이 60억 원의 수익 중 30억 원을 배우자에게 증여한 것으로 나타나 30억 원에 대한 증여세 및 가산세가 과세된 고객 등 정말 수많은 추징 사례가 펼쳐진다.

가장 효과적으로 세금에 대응하고 본인의 돈을 아낄 수 있는 방법은 '예방적 절세'다. 이 점을 잊지 말고 부동산 매매계약서를 작성하기 전에 여유를 두고 본인의 자금출처가 어느 시각으로 보일 수 있는지, 어떻게 해석될 수 있는지, 그리고 그 과정에 어떤 위험이 존재하는지 살펴보는 시간을 가지길 권한다.

주택취득자금 조달 및 입주계획서 양식

■ 부동산 거래신고 등에 관한 법률 시행규칙 [별지 제1호의3서식] <개정 2022. 2. 28.> 부동산거래관리시스템(rtms.molit.go.kr)에서도 신청할 수 있습니다.

주택취득자금 조달 및 입주계획서

※ 색상이 어두운 난은 신청인이 적지 않으며, [ ]에는 해당되는 곳에 √표시를 합니다. (앞쪽)

접수번호		접수일시		처리기간	
제출인 (매수인)	성명(법인명)		주민등록번호(법인·외국인등록번호)		
	주소(법인소재지)		(휴대)전화번호		

① 자금 조달계획	자기 자금	② 금융기관 예금액 원	③ 주식·채권 매각대금 원
		④ 증여·상속 원	⑤ 현금 등 그 밖의 자금 원
		[ ] 부부 [ ] 직계존비속(관계:) [ ] 그 밖의 관계( )	[ ] 보유 현금 [ ] 그 밖의 자산(종류:)
		⑥ 부동산 처분대금 등 원	⑦ 소계 원
	차입금 등	⑧ 금융기관 대출액 합계 / 주택담보대출 / 신용대출 / 그 밖의 대출 원 / (대출 종류:)	원 원 원
		기존 주택 보유 여부 (주택담보대출이 있는 경우만 기재) [ ] 미보유 [ ] 보유 (건)	
		⑨ 임대보증금 원	⑩ 회사지원금·사채 원
		⑪ 그 밖의 차입금 원	⑫ 소계
		[ ] 부부 [ ] 직계존비속(관계:) [ ] 그 밖의 관계( )	원
	⑬ 합계		원

⑭ 조달자금 지급방식	총 거래금액	원
	⑮ 계좌이체 금액	원
	⑯ 보증금·대출 승계 금액	원
	⑰ 현금 및 그 밖의 지급방식 금액	원
	지급 사유 ( )	

⑱ 입주 계획	[ ] 본인입주 [ ] 본인 외 가족입주 (입주 예정 시기: 년 월)	[ ] 임대 (전·월세)	[ ] 그 밖의 경우 (재건축 등)

「부동산 거래신고 등에 관한 법률 시행령」 별표 1 제2호나목, 같은 표 제3호가목 전단, 같은 호 나목 및 같은 법 시행규칙 제2조제6항·제7항·제9항·제10항에 따라 위와 같이 주택취득자금 조달 및 입주계획서를 제출합니다.

년   월   일

제출인   (서명 또는 인)

성남시 수정구청장 귀하

유의사항

1. 제출하신 주택취득자금 조달 및 입주계획서는 국세청 등 관계기관에 통보되어, 신고내역 조사 및 관련 세법에 따른 조사 시 참고 자료로 활용됩니다.
2. 주택취득자금 조달 및 입주계획서(첨부서류 제출대상인 경우 첨부서류를 포함합니다)를 계약체결일부터 30일 이내에 제출하지 않거나 거짓으로 작성하는 경우 「부동산 거래신고 등에 관한 법률」 제28조제2항 또는 제3항에 따라 과태료가 부과되오니 유의하시기 바랍니다.
3. 이 서식은 부동산거래계약 신고서 접수 전에는 제출이 불가하오니 별도 제출하는 경우에는 미리 부동산거래계약 신고서의 제출여부를 신고서 제출자 또는 신고관청에 확인하시기 바랍니다.

210mm×297mm[백상지(80g/㎡) 또는 중질지(80g/㎡)]

| 첨부서류 | 투기과열지구에 소재하는 주택의 거래계약을 체결한 경우에는 다음 각 호의 구분에 따른 서류를 첨부해야 합니다. 이 경우 주택취득자금 조달 및 입주계획서의 제출일을 기준으로 주택취득에 필요한 자금의 대출이 실행되지 않았거나 본인 소유 부동산의 매매계약이 체결되지 않은 경우 등 항목별 금액 증명이 어려운 경우에는 그 사유서를 첨부해야 합니다.
1. 금융기관 예금액 항목을 적은 경우: 예금잔액증명서 등 예금 금액을 증명할 수 있는 서류
2. 주식·채권 매각대금 항목을 적은 경우: 주식거래내역서 또는 예금잔액증명서 등 주식·채권 매각 금액을 증명할 수 있는 서류
3. 증여·상속 항목을 적은 경우: 증여세·상속세 신고서 또는 납세증명서 등 증여 또는 상속받은 금액을 증명할 수 있는 서류
4. 현금 등 그 밖의 자금 항목을 적은 경우: 소득금액증명원 또는 근로소득 원천징수영수증 등 소득을 증명할 수 있는 서류
5. 부동산 처분대금 등 항목을 적은 경우: 부동산 매매계약서 또는 부동산 임대차계약서 등 부동산 처분 등에 따른 금액을 증명할 수 있는 서류
6. 금융기관 대출액 합계 항목을 적은 경우: 금융거래확인서, 부채증명서 또는 금융기관 대출신청서 등 금융기관으로부터 대출받은 금액을 증명할 수 있는 서류
7. 임대보증금 항목을 적은 경우: 부동산 임대차계약서
8. 회사지원금·사채 또는 그 밖의 차입금 항목을 적은 경우: 금전을 빌린 사실과 그 금액을 확인할 수 있는 서류 |

작성방법

1. ① "자금조달계획"에는 해당 주택의 취득에 필요한 자금의 조달계획(부동산 거래신고를 하기 전에 부동산 거래대금이 모두 지급된 경우에는 조달방법)을 적고, 매수인이 다수인 경우 각 매수인별로 작성해야 하며, 각 매수인별 금액을 합산한 총 금액과 거래신고된 주택거래액이 일치해야 합니다.
2. ② ~ ⑥에는 자기자금을 종류별로 구분하여 중복되지 않게 적습니다.
3. ② "금융기관 예금액"에는 금융기관에 예치되어 있는 본인명의의 예금(적금 등)을 통해 조달하려는 자금을 적습니다.
4. ③ "주식·채권 매각대금"에는 본인 명의 주식·채권 및 각종 유가증권 매각 등을 통해 조달하려는 자금을 적습니다.
5. ④ "증여·상속"에는 가족 등으로부터 증여 받거나 상속받아 조달하는 자금을 적고, 자금을 제공한 자와의 관계를 해당 난에 √표시를 하며, 부부 외의 경우 해당 관계를 적습니다.
6. ⑤ "현금 등 그 밖의 자금"에는 현금으로 보유하고 있는 자금 및 자기자금 중 다른 항목에 포함되지 않는 그 밖의 본인 자산을 통해 조달하려는 자금(금융기관 예금액 외의 각종 금융상품 및 간접투자상품을 통해 조달하려는 자금 포함)을 적고, 해당 자금이 보유하고 있는 현금일 경우 "보유 현금"에 √표시를 하고, 현금이 아닌 경우 "그 밖의 자산"에 √표시를 하고 자산의 종류를 적습니다.
7. ⑥ "부동산 처분대금 등"에는 부동산의 매도, 기존 임대보증금 회수 등을 통해 조달하려는 자금 또는 재건축, 재개발시 발생한 종전 부동산 권리가액 등을 적습니다.
8. ⑦ "소계"에는 ② ~ ⑥의 합계액을 적습니다.
9. ⑧ ~ ⑪에는 자기자금을 제외한 차입금 등을 종류별로 구분하여 중복되지 않게 적습니다.
10. ⑧ "금융기관 대출액 합계"에는 금융기관으로부터 대출을 통해 조달하려는 자금 또는 매도인의 대출금 승계 자금을 적고, 주택담보대출·신용대출인 경우 각 해당 난에 대출액을 적으며, 그 밖의 대출인 경우 대출액 및 대출 종류를 적습니다. 또한 주택담보 대출액만이 있는 경우 "기존 주택 보유 여부"의 해당 난에 √표시를 합니다. 이 경우 기존 주택은 신고하려는 거래계약 대상인 주택은 제외하며, 주택을 취득할 수 있는 권리와 주택을 지분으로 보유하고 있는 경우는 포함하며, "기존 주택 보유 여부" 중 "보유"에 √표시를 한 경우에는 기존 주택 보유 수(지분으로 보유하고 있는 경우에는 각 건별로 계산합니다)를 적습니다.
11. ⑨ "임대보증금"에는 취득 주택의 신규 임대차 계약 또는 매도인으로부터 승계한 임대차 계약의 임대보증금 등 임대를 통해 조달하는 자금을 적습니다.
12. ⑩ "회사지원금·사채"에는 금융기관 외의 법인, 개인사업자로부터 차입을 통해 조달하려는 자금을 적습니다.
13. ⑪ "그 밖의 차입금"에는 ⑧ ~ ⑩에 포함되지 않는 차입금 등을 적고, 자금을 제공한 자와의 관계를 해당 난에 √표시를 하고 부부 외의 경우 해당 관계를 적습니다.
14. ⑫에는 ⑧ ~ ⑪의 합계액을, ⑬에는 ⑦과 ⑫의 합계액을 적습니다.
15. ⑭ "조달자금 지급방식"에는 조달한 자금을 매도인에게 지급하는 방식 등을 각 항목별로 적습니다.
16. ⑮ "계좌이체 금액"에는 금융기관 계좌이체로 지급했거나 지급 예정인 금액 등 금융기관을 통해서 자금지급 확인이 가능한 금액을 적습니다.
17. ⑯ "보증금·대출 승계 금액"에는 종전 임대차계약 보증금 또는 대출금 승계 등 매도인으로부터 승계했거나 승계 예정인 자금의 금액을 적습니다.
18. ⑰ "현금 및 그 밖의 지급방식 금액"에는 ⑮, ⑯ 외의 방식으로 지급했거나 지급 예정인 금액을 적고 계좌이체가 아닌 현금(수표) 등의 방식으로 지급하는 구체적인 사유를 적습니다.
19. ⑱ "입주 계획"에는 해당 주택의 거래계약을 체결한 이후 첫 번째 입주자 기준(다세대, 다가구 등 2세대 이상인 경우에는 해당 항목별 중복하여 적습니다)으로 "본인입주"란 매수자 및 주민등록상 동일 세대원이 함께 입주하는 경우를, "본인 외 가족입주"란 매수자와 주민등록상 세대가 분리된 가족이 입주하는 경우를 말하며, 이 경우에는 입주 예정 시기 연월을 적습니다. 또한 재건축 추진 또는 멸실 후 신축 등 해당 주택에 입주 또는 임대하지 않는 경우 등에는 "그 밖의 경우"에 √표시를 합니다.

Q&A 로 알아보는
자금조달계획서 작성

가상자산소득을 자금출처로 하여 자금조달계획서를 쓰기 위해서는 최초 투자단계부터 미리 준비해 두어야 한다. 그 이유는 가상자산소득 자체를 관련 행정기관에서 파악하기 어렵기 때문이다.

따라서 가상자산소득의 경우 최초 자금조달계획서 제출 시 가상자산소득이 발생한 흐름을 파악할 수 있는 자료를 미리 준비하여 제출하는 것이 좋다. 만약 보충자료를 제출하지 못하면 사안에 따라 과태료 및 세무조사 문제가 발생할 수 있다는 점을 꼭 명심하자.

자금조달계획서와 관련한 주요 Q&A를 살펴보고 부동산 구입 시 문제가 생기지 않도록 미연에 방지하자.

Q 자금조달계획서 및 증빙자료는 어떻게 제출해야 할까?

A 중개계약의 경우에는 공인중개사가 실거래 신고서를 제출해야 하며, 이때 자금조달계획서 및 증빙자료도 공인중개사가 실거래 신고서와 함께 일괄하여 제출한다. 개인정보 노출 등을 사유로 매수인이 자금조달계획서 및 증빙자료를 직접 제출하고자 하는 경우에는 별도 제출도 가능하다.

이 경우 매수인은 해당 자료를 출력하여 신고관청에 직접 제출하거나, 스캔 또는 이미지 파일의 형태로 인터넷 부동산거래관리시스템(rtms.molit.go.kr)을 통해 제출할 수도 있다. 다만, 공인중개사가 실거래 신고서를 먼저 제출해야 한다. 직거래 계약의 경우에는 매수인이 실거래 신고서와 함께 자금조달계획서 및 증빙자료를 신고관청에 직접 신고·제출하거나, 대리인을 통한 대리 제출 등도 가능하다.

Q 증빙자료 제출 시 시행규칙에서 정해 둔 항목별 제출서류를 모두 제출해야 할까?

A 「부동산 거래신고 등에 관한 법률 시행규칙」 제2조에서 정해 둔 항목별 제출서류를 모두 제출해야 하는 것은 아니다. 매수인이 자금조달계획서에 실제로 기재한 항목별 제출서류만 제출하면 되고, 자금조달의 종류로 기재하지 않은 항목과 관련된 자료는 제출하지 않아도 된다.

Q 실거래 신고 시점에 반드시 제출해야 하는 증빙자료에는 무엇이 있을까? 자금 조달을 위한 부동산 매각, 증여·상속, 차입 등이 실행되지 않은 경우에는 어떻게 해야 할까?

A 실거래 신고 시점에 제출 가능한 증빙자료는 자금조달계획서와 함께 반드시 제출해야 한다. '금융기관 예금액' 항목 기재 시 신고 시점에 예금(적금) 계좌를 보유하고 있다면 예금잔액증명서 등을 반드시 제출해야 하고, '현금 등 그 밖의 자금' 항목 기재 시 소득금액증명원이나 근로소득원천징수영수증 등 소득 증빙자료를 반드시 제출해야 한다.

부동산 매각, 증여·상속, 차입 등을 통해 자금을 조달할 경우에는 신고 시점에 부동산 매도계약이 이루어졌거나 증여·상속, 차입 등 자금 조달이 실행되었다면 해당 항목별 증빙자료를 반드시 제출해야 한다. 부동산 매도계약이 이루어지지 않았거나 증여·상속, 차입 등을 통한 자금 조달이 실행되지 않은 경우에는 계획 중인 내용을 자금조달계획서 항목에 기재하되 증빙자료를 제출하지 않을 수 있다.

이 경우에도 향후 잔금지급 등 거래를 완료한 이후에는 국토부 또는 신고관청에서 자금조달계획서 등과 관련한 증빙자료의 제출을 요청하면 이에 응해야 한다.

Q 소유한 부동산을 처분하고 그 매각대금을 은행에 예금으로 예치한 상태에서 그 매각대금으로 주택 거래계약을 체결하는 경우, '부동산 매매계약서'와 '예금잔액증명서' 중 무엇을 증빙자료로 제출해야 할까?

A '실거래 신고시점을 기준'으로 자금의 보유형태에 따라 자금조달계획서 해당 항목에 기재하고, 해당 항목별로 객관적 증빙자료를 첨부하는 것이 원칙이다.

따라서 실거래 신고시점에 주택 취득에 필요한 자금을 '금융기관 예금액'의 형태로 보유하고 있다면, 자금조달계획서 항목 중 '금융기관 예금액' 칸에 기재하고 이에 따른 증빙자료인 '예금잔액증명서'를 제출하면 된다.

제출 예시

① A가 보유하던 현금으로 주식을 매입한 상태에서 주식 매각대금을 자금으로 하여 주택 거래계약을 체결하는 경우

☞ 자금조달계획서 항목 중 '주식·채권 매각대금' 칸에 기재하고, 증빙자료로는 '주식거래내역서'를 제출

② B가 부모로부터 상속받은 자금을 은행에 예금으로 예치한 상태에서 예금액을 자금으로 하여 주택 거래계약을 체결하는 경우

☞ 자금조달계획서 항목 중 '금융기관 예금액' 칸에 기재하고, 증빙자료로는 '예금잔액증명서'를 제출

Q 자금조달계획서 또는 증빙자료를 제출하지 않으면 어떤 규제나 처벌을 받을까?

A 자금조달계획서 또는 증빙자료를 제출하지 않을 경우 「부동산 거래신고 등에 관한 법률」 제28조 제2항 제4호 위반에 해당하여 500만 원 과태료 처분의 대상이 된다. 이는 불법행위 여부와는 무관하게 증빙자료를 제출하지 않은 데 대한 처분이다.

Q 개정된 자금조달계획서에서 '증여·상속', '현금 등 그 밖의 자금', '그 밖의 차입금' 칸이 변경되었는데, 어떻게 기재해야 할까?

A 개정된 자금조달계획서 중 '증여·상속', '현금 등 그 밖의 자금', '그 밖의 차입금' 칸에는 자금 제공자의 관계를 기재해야 하며, 자금 제공자가 다수인 경우 해당하는 칸에 각각 체크한 후 관계를 각각 기재하고 금액은 합산해서 기재한다.

Q 개정된 자금조달계획서 중 '조달자금 지급방식' 칸은 어떻게 기재해야 할까?

A 개정된 자금조달계획서 중 '조달자금 지급방식'은 매수인이 매도인에게 자금을 어떻게 지급하는지 구체적인 방법을 기재하는 것으로, 각 지급 방법별로 해당하는 금액을 각 칸에 기재해야 하며, 향후 신고관청 등이 소명을 요청할 경우 입증해야 한다.

1) '계좌이체 등 금액': 은행 등 금융기관을 통해 자금을 이체하여 지급하는 방식일 때 해당 금액을 기재

2) '보증금·대출 승계 등 금액': 계약 시 매수인이 인수한 매도인의 대출금액 또는 임대차 계약의 보증금 등을 기재

3) '현금 및 그 밖의 지급방식 금액': 현금으로 지급하거나 기타 자산으로 지급한 해당 금액을 기재하고, 계좌이체 등을 활용하지 않고 현금으로 지급한 사유 등을 구체적으로 기재

03

자금출처조사,
어떻게 준비하면 좋을까?:
① 재산취득자금 등의 증여추정

증여의 '추정'이란?

증여의 '추정'은 납세자가 증여가 아님을 입증하지 않는 한, 증여로 보아 과세하는 것을 의미한다. 미성년자나 소득이 없는 자가 고액의 부동산을 취득하거나 금전을 거래했다면 그 취득 자금은 가족으로부터 증여받았을 가능성이 매우 높다. 이때 만일 과세관청이 증여사실을 구체적으로 입증하지 못해서 증여세를 부과할 수 없게 된다면, 각종 변칙 증여가 발생하고 정직한 납세자만 피해를 보는 상황이 발생할 것이다.

그래서 법에서는 이러한 미성년자 등이 고액의 부동산을 취득하거나, 배우자 또는 부모 등 직계존비속 간에 부동산을 거래하는 경우 이를 증여로 추정하는 '증여추정' 규정을 두고 있다. 증여추정에서 벗어나기 위해서는 증여받지 않았음을 납세자 본인이 입증해야 한다. 직업, 연령, 소득 및 재산 상태 등으로 볼 때 재산취득자금의 출처를 소명하지 못해 증여받은 것으로 추정하는 경우에는 증여자를 특정하지 않아도 과세가 가능하기 때문에 증여자에 대한 입증 책임이 과세관청에 있지 않다는 점을 유념해야 한다.

그럼 재산취득자금 증여추정부터 살펴보자.

재산취득자금 증여추정에서 배제되려면?

재산취득자금 증여추정과 관련하여 조사 대상자와 증여추정 배제 기준은 어떻게 될까? 재산취득자 또는 채무상환자의 직업, 연령, 소득 및 재산 상태를 고려할 때 스스로 재산을 취득하거나 부채를 상환했다고 보기 어려운 경우, 과세관청은 해당 재산을 취득한 시점의 취득자금과 채무를 상환한 시점의 상환자금을 증여받은 것으로 추정한다. 이에 따라 재산취득자에게는 해당 취득자금을 증여재산가액으로 보아 과세하며, 채무상환자에게는 해당 상환자금을 증여재산가액으로 보아 과세한다.

여기서 '재산취득자금'이란 재산을 취득하기 위해 실제로 소요된 총 취득자금을 말하는 것으로 취득세 등 취득 부수비용을 포함한다. 즉, 부동산 취득자금을 소명할 때 실무에서는 부동산 취득세 및 공인

중개사 중개 수수료도 소명해야 한다. 가상자산에는 취득세가 존재하지 않아서 취득세 개념이 생소하게 느껴지는 가상자산 투자자가 있다면 참고하길 바란다.

재산취득자금과 채무상환자금의 증여추정 여부를 판단할 때 소명하지 못한 금액이 다음의 기준금액 미만이면 증여추정으로 보지 않는다. 다만, 소명하지 못한 금액이 다음의 기준금액 이상이면 소명하지 못한 금액 전체를 증여재산으로 보아 과세하므로, 증여추정금액이 거액인 경우에는 자금출처의 소명을 미리 계획하여 증여추정에 해당하지 않도록 주의해야 한다.

· 증여추정을 배제하는 경우: 소명하지 못한 금액 < MIN[2억 원, (재산취득가금·채무상환액)×20%]
· 증여추정을 적용하는 경우: 소명하지 못한 금액 ≥ MIN[2억 원, (재산취득가금·채무상환액)×20%]

즉, 일부는 가상자산소득으로, 일부는 부모님에게 몰래 증여받아서 부동산을 구매하더라도 안 걸릴 거라는 안일한 생각은 하지 말라는 것이다. 다시 한번 말하지만 가상자산소득은 국세청에서 포착할 수 있는 소득이 아니어서 얼마나 되는지 알 길이 없다. 따라서 가상자산소득 8억 원, 부모님에게 몰래 증여받은 2억 원을 합쳐서 10억 원의 부동산을 취득한 경우에 국세청에서 확인할 수 있는 취득자금은 0원에 수렴한다고 볼 수 있다.

그러나 위 증여추정 산식을 보며 '내 가상자산소득 8억 원은 국세청에서 확인할 것이고, 증여받은 2억 원은 증여추정이 배제되는 상황에 걸쳐 있으니 설마 조사가 나오진 않겠지?'라고 생각하다가 막상 국세청에서 조사가 나오면 크게 당황할 수 있다.

국세청은 재산을 취득하거나 채무를 상환할 때마다 재산취득자금 등의 증여추정 규정에 해당하는지 여부를 판단한다는 점을 잊지 말자. 다만, 다수의 거래로 취득한 재산이라도 그 내용을 종합적으로 고려할 때 하나의 재산을 취득한 것으로 보는 것이 합리적이라면, 전체를 하나의 재산으로 간주하여 판단한다.

이 경우 소명 금액은 전체 재산취득금액 또는 채무상환금액 중 다음에 해당하는 금액으로, 출처가 입증된 금액을 제외한 나머지 금액을 의미한다.

1. 본인 소유의 재산을 처분한 사실이 증빙으로 확인되는 경우, 그 처분금액에서 양도소득세 등 공과금 상당액을 뺀 금액
2. 기타 신고했거나 과세받은 소득에 대한 소득세 등 공과금 상당액을 뺀 금액
3. 농지경작소득
4. 재산취득일 이전에 차용한 부채로서 「상속세 및 증여세법」 제10조에 따라 입증된 금액(다만, 원칙적으로 배우자 및 직계존비속 간의 소비대차는 인정하지 아니한다.)
5. 재산취득일 이전에 본인 소유의 재산을 대여함으로써 받은 전세금 및 보증금
6. 1.~5. 이외의 경우로서 자금출처가 명백하게 확인되는 금액

일정 기준금액에 미달하면 증여추정으로 보지 않는다?

재산취득일 또는 채무상환일 전 10년 이내에 부동산 등 기타재산의 취득가액 또는 채무상환액이 직업, 연령, 소득, 재산 상태 등을 고려할 때 다음의 표에 따른 기준에 미달하고 주택취득자금, 기타 재산 취득자금 및 채무상환자금의 합계액이 총액 한도 기준에 미달하는 경우에는 증여추정 대상으로 보지 않는다. 그러나 그렇게 쉽게 통과될 리가 없다.

증여추정 배제 기준

(단위: 만 원)

구분	취득재산		채무상환	총액 한도
	주택	기타 재산		
30세 미만	5,000	5,000		10,000
30세 이상	15,000	5,000	5,000	20,000
40세 이상	30,000	10,000		40,000

여기서 증여추정 배제 금액은 재산취득이나 채무상환에 사용된 자금출처가 입증되지 않은 금액 중 최소한의 기준 금액을 의미한다는 것을 꼭 명심하자. 또한, 실질적으로 부모 등 타인으로부터 증여받은 것으로 판단되는 거래는 증여추정에서 배제되는 것이 아니라, 당연히 증여세 과세대상이 된다는 점을 잊으면 안 된다.

공동명의 임대차 보증금을 활용한 취득자금 소명

가족과 공동명의로 부동산을 취득한 후 임대하고 수령한 임대보증금을 부동산 취득자금으로 소명할 수 있다. 이때 취득자금 소명이 부족한 가족구성원이 일정 조건을 충족한 후 단독으로 임대차계약을 체결하면, 그 임대차계약에 따른 임대보증금은 전부 그 가족구성원 1인에게 귀속될 수 있다.

따라서 경제적 능력이 부족한 자녀를 이러한 방식으로 임대차계약의 당사자 1인으로 설정한다면 부족한 취득자금을 마련할 수 있다. 여기서 공동명의 부동산은 「민법」상 공유물에 해당하므로, 임대차계약의 단독 계약자가 되기 위해서는 공유지분의 과반인 51% 이상을 보유하거나 그 외 공동소유자들에게 위임장 내지는 동의서를 받아야 한다.

이 경우 부모의 공동취득 지분이 있는 부동산을 자녀가 무상으로 사용하는 셈이 되지만, 부동산 무상사용에 따른 이익에 대해 증여세가 과세되려면 부동산 가액이 약 13억 1,900만 원 이상이어야 한다. 무상사용하는 지분에 대한 부동산가액이 과세기준 이하라면 증여세는 과세되지 않는다.

다만, 임대료가 발생해 소득세와 부가가치세가 과세된다면 부동산 무상사용 부분에 대해 부당행위계산 규정이 적용되어 과세될 수 있다.

물론 추후 임대차관계 종료 시 임대보증금의 반환의무는 계약서

상 임대인인 자녀에게 있다. 따라서 추후 임대차관계 종료 시 임대보증금을 공동임대사업자인 부모가 부담하는 경우에는 채무변제에 대한 증여세가 발생할 수 있다.

04

자금출처조사,
어떻게 준비하면 좋을까?:
② PCI 시스템

PCI 시스템

부모가 자녀에게 부를 이전해 줄 때, 주택취득자금 소명이 필요한 주택자금이 아니라 전세자금을 지원해 주는 방식을 고려해 볼 수 있다. 그러나 2021년 6월 1일부터 전월세 신고제가 시행됨에 따라 경기도 외 도(道) 관할 군 지역을 제외한 전 지역에서 보증금 6,000만 원을 초과하거나 월세가 30만 원을 초과하는 전세계약의 경우 임대차계약 내용을 신고해야 한다. 2025년 6월 1일부터는 임대차계약과 관련해 신고를 하지 않으면 20만 원 이하의 과태료가 부과될 예정이다.

이렇게 전세자금이 고액일 때는 PCI 시스템을 통해 출처를 소명하라는 요청이 발생할 수 있다. PCI 시스템은 '재산 증가액(P)+소비

지출액(C)−신고소득(I)＝탈루혐의액'이라는 명료한 전제를 활용하여 탈루 세액을 쉽게 찾아낼 수 있는 대표적인 조사 방법이다.

- 재산 증가액(P) = 가상자산, 부동산, 주식, 회원권, 차량 등의 증가액
- 소비 지출액(C) = 해외체류비, 신용카드 및 현금영수증 사용액 등
- 신고소득(I) = 종합소득금액, 증여 및 상속 등(가상자산은 본인 입증)

주식은 보통 증권사를 통해 매매하기 때문에 매매차익 자료를 쉽게 소명할 수 있지만, 가상자산은 가상자산거래소를 통한 거래 이외에 프리미엄거래, 아비트리지, 스와프거래 등 거래방식이 복잡하고 다양하다. 따라서 관련 정보를 취합하기 위해서는 개인지갑, 금융거래내역 등 여러 가지 정보를 취합하여 입증자료를 만들어야 하며, 이 점이 기한 이내에 소명하는 데 장애물이 될 수 있다는 점 또한 인지할 필요가 있다.

재화를 취득하기 위한 자금에는 그 원천이 있기 마련이다. 현재 우리나라에서는 개인의 소득 형태에 따라 이자·배당소득과 같은 금융소득, 사업소득, 근로소득, 연금소득, 기타소득, 퇴직소득, 양도소득으로 구분하여 소득원천에 따라 개별적인 과세요건을 충족하는 경우에 납세의무가 발생한다. 이렇게 벌어들인 소득의 총액에서 생활비, 재산취득자금, 부채상환 등에 소비한 지출을 빼면 남은 소득을 확인할 수 있다.

소명 대상이 주택 전세자금 8억 원과 일반소비 지출액 2억 원을 합한 10억 원이라고 가정하고 벌어들인 소득은 4억 원이라고 해 보자. 이 경우 동일한 기간에 차액 6억 원은 증여추정에 따른 증여세 부과로 이어지거나, 법인·개인사업자인 경우 당해 사업의 매출을 누락하여 탈루한 소득으로 의심받아 사업체 세무조사 대상으로까지 확대될 수 있다.

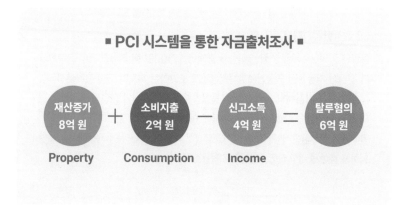

■ PCI 시스템을 통한 자금출처조사 ■

재산증가 8억 원 (Property) ＋ 소비지출 2억 원 (Consumption) － 신고소득 4억 원 (Income) ＝ 탈루혐의 6억 원

금융정보분석원(FIU)

국세청은 자금출처 조사를 위해 국세청 내부보관 자료뿐만 아니라 금융정보분석원 또는 금융기관 등으로부터 조사에 필요한 금융거래 자료를 제공받기도 한다.

2001년에 설립된 금융정보분석원은 금융거래를 이용한 자금 세탁 행위를 규제하고 불법 외화 유출을 방지함으로써 범죄행위 예방과 건전하고 투명한 금융거래질서를 확립하고자 만든 기관으로, 크게 다음의 두 가지 제도를 통해 불법 금융거래 및 증여 거래를 포착한다.

① 의심거래보고(STR)

금융거래를 통한 취득재산이 불법에 의한 것이라는 합리적인 의심이 드는 경우 금융기관이 이를 금융정보분석원장에게 보고하는 제도로서, 거래금액을 불문하고 의심스러운 거래는 무조건 보고해야 할 의무가 있다.

② 고액현금거래보고(CTR)

동일인 명의로 1거래일 동안 입출금 금액이 1,000만 원 이상인 경우 금융회사가 전산상 자동으로 금융정보분석원장에게 보고하는 제도다. 금융정보분석원장은 불법재산·자금세탁 행위 또는 공중협박자금조달 행위와 관련된 조세탈루 혐의 확인을 위한 조사업무, 조세체납자에 대한 징수업무에 필요하다고 인정되는 경우에는 특정금융거래정보를 국세청장에게 제공할 수 있다. 국세청에서는 해당 정보를 증여세 세무조사 근거자료로 활용한다.

무소득자는 자금출처조사 가능성이 더 높을까?

자금출처를 판단할 때 직업과 상당한 재력이 있고 실제로 상당한 소득 신고내역이 입증되는 경우라면, 재산을 취득하는 데 소요된 자금출처를 일일이 제시하지 못하더라도 특별한 사정이 없다면 증여받은 것으로 추정하기가 쉽지 않다.

다만, 가정주부나 미성년자, 신용불량자 등 특별한 재산이 없거나 일정한 수입이 있다고 하더라도 그 소득이 자신의 명의로 취득하거나 임차한 각 부동산의 가치에 상당히 미달하는 것이 명백한 경우라면 그 취득자금을 증여받은 것으로 추정하는 것이 타당하다. 따라서 재산취득에 대한 자금출처 소명은 실무상 증여세 납세의무자의 재산, 직업, 소득 등에 따라 개별적으로 판단하게 된다.

공동 취득 과정에서 발생한 대출금도 자금출처로 인정받을 수 있을까?

본인, 배우자 그리고 취업 준비 중인 아들, 이렇게 세 명의 명의로 상가 취득을 고민하는 사람이 있다. 본인과 배우자는 전문 직종에 종사하고 각자 사업소득이 있다. 하지만 자금유동성을 고려해 취득 부동산을 담보로 하여 배우자 단독명의로 15억 원가량을 대출받기로 결심했다. 이 경우, 본인과 자녀는 배우자 단독 명의의 대출금 중 각자 지분에 해당하는 금액만큼 자금출처를 인정받을 수 있을까?

재산취득을 위한 대출금의 이자 지급 당사자, 원금 변제 상황 및 담보 제공 사실 등을 고려하여 사실상 채무자가 공동으로 부동산을 취득하는 것으로 인정되는 경우에 각자 부담하는 대출금은 각자 자금출처의 원천으로 인정받을 수 있다. 그러므로 배우자 단독명의로 대출받아 부동산 취득자금으로 충당했으나 취업 준비 중인 아들은 사실상 대출금을 상환할 능력이 없기 때문에 공동 취득 범위에서 제외하거나, 재산취득 전에 취업 준비 중인 자녀의 자금출처 원천을 가상자산소득 등으로 마련하는 것이 바람직하다.

05

가상자산 관련 자금세탁 업무에 집중하는 금융정보분석원

금융정보분석원은 가상자산, 불법사금융 관련 자금 세탁 대응 강화 현황 및 향후 계획을 마련하고 발표하는 등 가상자산에 대한 심사와 분석에 힘을 쏟고 있다.

크게 다음의 두 가지 방향으로 금융정보분석 역량을 집중하여 가상자산 악용범죄, 불법사금융 등 민생침해범죄를 적발하고 법집행기관에 통보하는 역할을 강화하고 있으며, 그 결과 2023년 중 관련 의심거래보고(STR) 건수가 증가하고 법집행기관에 통보하는 건수를 확대하는 등의 성과를 거뒀다고 밝혔다. ◆

◆ 금융위원회는 가상자산·불법사금융 관련 자금세탁 대응 강화 현황 및 계획을 세우는 등 정부의 금융정보분석 역량을 가상자산 악용범죄, 불법사금융 등 민생침해범죄의 적발 및 범죄수익 환수에 집중하고 있다. (출처: 금융위원회 보도자료, 2024.2.14.)

자금세탁 의심 거래 적극 보고 유도

금융정보분석원은 가상자산과 관련하여 자금세탁이 의심되는 거래를 발견할 경우 적극적으로 보고할 것을 유도하고 있으며, 그 결과 가상자산거래소 등 가상자산사업자의 의심거래보고 건수가 전년 대비 거의 절반이나 증가했다.

우선, 의심거래보고의 적시성과 충실도를 높이기 위해 유관기관(**금융회사 등, 법집행기관**)과의 협력 및 소통을 한층 강화했다. 구체적으로는 가상자산 범죄와 관련한 자금흐름을 분석하고, 가상자산 투기세력의 김치프리미엄을 악용하기 위한 불법 외환유출 사례 등 여러 범죄 가능성이 높은 사례를 유형화하여 금융회사 등에 제공했다.

> **금융정보분석원이 금융회사 등에 제공한 범죄사례 유형화 사례**
> 가상자산 투기세력의 김치프리미엄 악용을 위한 불법 외환유출 사건: ① 해외 가상자산거래소에서 가상자산을 구입하여 국내 가상자산거래소로 전송 → ② 국내 가상자산거래소에서 매각 → ③ 가상자산 매각대금을 페이퍼컴퍼니 계좌로 송금 → ④ 허위 무역대금 등의 명목으로 외화를 해외업체 계좌로 송금하여 김치프리미엄 수익 공제 후 재집금 반복

이와 더불어 법집행기관 협의회 및 업권별 유관기관 간담회 개최, 자금세탁동향리뷰 배포 등을 통해 가상자산 범죄 관련 의심거래보고와 관련한 모범 사례를 공유하고, 보고 결과에 대한 피드백도 확대했다.

금융정보분석원이 공유한 의심거래보고 모범 사례

가상자산거래소를 통해 가상자산으로 물품대금을 이체받아 현금화하는 방법으로 자금세탁 및 불법환치기를 진행한 후, 세탁한 자금으로 면세품을 구매 대행하는 방식으로 불법자금을 이용해 밀수출한 혐의를 의심하여 보고

그 결과, 2023년 가상자산사업자의 의심거래보고 건수가 전년 대비 약 49% 증가했고, 전체 의심거래보고 중 비중도 1.2%에서 1.7%로 증가했다.

전체 및 가상자산 의심거래보고(STR) 건수·증가율·비중

구분	전체 STR(A)	가상자산 STR(B)	비중(B/A)
2022년	822,644건	10,797건	1.2%
2023년	906,462건	16,076건	1.7%
증가율	10.2%	48.8%	-

가상자산 거래에 대한 집중분석 및 분석시스템 고도화

가상자산 거래에 대한 집중분석을 실시하고 분석시스템을 고도화했다. 그 결과 가상자산 관련 범죄 의심사례로 법집행기관에 통보한 건수가 전년 대비 약 90% 증가했다.

우선, 가상자산 의심거래보고 분석을 전담하는 가상자산 전담인력(9명)을 운영하여 분석의 전문성을 높였다. 또한, 가상자산 거래의

특수성을 반영하여 가상자산 지갑주소를 계좌주, 계좌번호처럼 관련 건으로 묶어 분석하는 기능을 추가하는 등 기존의 분석시스템을 고도화하여 운영하고 있다.

금융정보분석원 정보시스템 개선 내용
- 가상자산 지갑주소를 계좌주, 계좌번호처럼 관련 건으로 묶어 분석하는 기능 추가
- 지갑주소, 매매내역 등 기반으로 가상자산 거래흐름을 추적할 수 있는 연관도 개발
- 사업자의 대용량 STR 거래내역 파일(1G 이상)의 온라인 접수 보고체계 구축

그 결과 2024년 한 해 동안 금융정보분석원이 가상자산사업자가 보고한 의심거래보고를 상세분석한 건수가 전년 대비 약 80% 증가했고, 검찰·경찰·국세청 등 법집행기관에 제공한 건수도 전년 대비 약 90% 증가했다.

금융회사 등의 의심거래보고에서 이를 법집행기관에 제공하기까지 금융정보분석원은 다음의 3단계 분석과정을 거친다.

① 룰·스코어링을 통한 위험도 분석(전산분석) → ② 기존자료 등을 고려하여 분석 대상 추출(기초분석) → ③ 전문분석관이 자금세탁 여부를 상세분석

구체적으로는 불공정거래행위를 통해 다수의 투자자에게 피해를

입힌 가상자산 발행업자, 가상자산 투기 세력의 김치프리미엄을 이용한 불법 외화유출 사범, 가상자산을 악용하여 마약을 유통한 혐의자 등을 적발하여 법집행기관에 통보한다.

가상자산 관련 의심거래보고 주요 분석 및 제공 사례
① 불공정거래행위를 통해 다수의 투자자에게 피해를 입힌 가상자산 발행업자 적발
② 가상자산 투기 세력의 김치프리미엄을 이용한 불법 외화유출 사범 적발
③ 가상자산을 이용한 마약 유통 사범 적발

06

가상자산에는 '취득세'가 없지만,
부동산에는 '취득세'가 있다

가상자산에만 투자하는 투자자가 경험하지 못한 세금 중 하나는 취득세다. 주택을 제외한 부동산을 취득할 때는 취득세, 농어촌특별세, 지방교육세를 합쳐서 일반적으로 4.6%의 취득세를 납부해야 한다.

정부는 주택에 대한 취득세를 부과할 때 주택 투기를 방지하고자 주택 수에 따라 일반세율과 중과세율을 차등 적용하고 있다. 중과세는 부동산 거래를 규제하기 위해 세금을 무겁게 과세하는 제도를 말한다. 보유 주택 수에 따른 취득세율을 한번 알아보자.

조정대상지역 내 주택 매매 취득세율

구분	전용면적 85m² 이하			전용면적 85m² 초과	
	취득세	지방교육세	합계	농특세	합계
1주택	1~3%	0.1~0.3%	1.1~3.3%	0.2%	1.3~3.5%
2주택*	8%	0.4%	8.4%	0.6%	9.0%
3주택 이상	12%	0.4%	12.4%	1.0%	13.4%

* 일시적 1세대 2주택으로 신규주택 취득 후 종전 주택을 3년 이내에 처분하는 경우에는 1주택과 같이 일반세율 적용

비조정대상지역 내 주택 매매 취득세율

구분	전용면적 85m² 이하			전용면적 85m² 초과	
	취득세	지방교육세	합계	농특세	합계
1주택	1~3%	0.1~0.3%	1.1~3.3%	0.2%	1.3~3.5%
2주택					
3주택	8%	0.4%	8.4%	0.6%	9.0%
4주택 이상	12%	0.4%	12.4%	1.0%	13.4%

위 표와 같이 조정대상지역에서는 2주택부터, 비조정대상지역에서는 3주택부터 매매 취득세 중과세율을 적용받는다.

매매에만 국한하여 취득세 중과세를 적용하는 것은 아니다. 부의 무상이전 방식인 증여에 대해서도 증여자가 2주택자 이상인 다주택자이면서 조정대상지역 내 시가표준액 3억 원 이상의 주택을 증여할 경우, 증여받는 수증자는 증여 취득세를 납부할 때 중과세율을 적용받는다.

주택 증여 취득세율

구분		취득세	농특세	지방교육세	합계
증여 취득	85m² 이하	3.5%	-	0.3%	3.8%
	85m² 초과	3.5%	0.2%	0.3%	4.0%
조정대상지역 내 시가표준액 3억 원 이상 주택 증여 취득	85m² 이하	12%	-	0.4%	12.4%
	85m² 초과	12%	1%	0.4%	13.4%

결국 주택을 여러 채 취득하는 것에 대한 부담이 취득세 중과 제도로 인해 상당히 커진 상황이다. 조정대상지역에서는 2주택부터, 비조정대상지역에서는 3주택부터 중과세를 적용받으니 주택 수를 늘리는 것이 사실상 부담스럽지 않을 수 없다.

취득세의 영향이 얼마나 크겠느냐고 생각하는 독자는 없을 것이라고 본다. 취득세 부담이 주택 자산관리에 얼마나 영향을 미치는지 확인하기 위해 간단한 예시를 살펴보자.

현행 일반 매매 취득세는 취득가액에 따라 다음과 같은 세율을 적용받는다.

주택 취득가액에 따른 적용 취득세율

취득가액	취득세율
6억 원 이하	1%
6억 원~9억 원	1.01 ~ 2.99%
9억 원 초과	3%

국민주택규모 이하이면서 6억 원의 주택을 취득하면 취득세 및 지방교육세를 포함해 1.1%의 세율을 적용받아 660만 원을 취득세로 납부한다. 그러나 3주택자 이상의 다주택자가 똑같이 주택을 취득하는 경우에는 12.4%의 세율을 적용받아 7,440만 원을 취득세로 납부해야 한다.

자금에 여유가 있고 이 주택을 꼭 취득해야 한다면 12.4%의 취득세를 감당하면서 취득할 수밖에 없겠지만 6,780만 원을 취득세로 더 납부한다는 건 쉽지 않은 결정이 될 것이다.

나아가 주택 취득의 이유가 투자 목적이라면, 과연 취득할 때부터 수익률을 11.3%나 손해 보면서 취득한 주택으로 이익을 취할 확률이 얼마나 될 것인지도 생각해 봐야 한다. 일반적으로 사업을 하면서 영업이익률을 10%로 꾸준히 유지하기도 힘든데 시작부터 11.3%의 수익률을 밑진다는 건 정말 바람직하지 않은 의사결정이라고 볼 수 있다.

거기에다 해당 주택을 취득하기 위해 대출까지 받는다면, 대출 이자 비용 및 취득세를 고려할 때 미래에 양도가액이 적어도 7억 원은 되어야 본전이라는 계산이 나온다. 그 사이에 취득세를 1.1% 납부했던 사람이 비슷한 조건의 주택을 6억 5,000만 원만 받고도 양도하겠다고 나선다면, 주택 취득 시 중과세를 적용받아 취득세를 12.4% 납부했던 소유자는 시장에서 경쟁력이 떨어질 수밖에 없다.

07

상속세, '계산 구조'를
알아야 절세한다

　가상자산을 소유한 부모가 세상을 떠났을 때 마주하게 될 부의 이
전 관련 세금인 상속세에 대해 알아보자.

　지금까지 사전증여에 대한 지식을 쌓은 근본적인 이유는 부의 이
전과 관련한 눈앞의 세금인 증여세와 미래에 발생할 상속세를 절세
하기 위해서였다. 그러므로 상속세를 얼마나 절세할 수 있는지 확인
하면서 증여세의 절세방법을 계획하는 것이 상속세와 증여세를 모
두 절세할 수 있는 방법이다.

　상속 전문 세무사는 부를 이전하는 모든 과정에서 궁극적으로는
상속세와 증여세, 그리고 기타 세금과의 연동성을 지속적으로 살피
며 납세자가 놓인 환경에 가장 적합한 절세 계획을 세운다. 눈앞에

닥친 세금 하나만을 고려해 섣불리 내린 판단이 미래에 거대한 세금으로 불어나 돌아오는 경우가 빈번하기 때문에, 장기적인 관점에서 더욱 효과적으로 부를 이전하기 위해서는 계산 구조를 이해하는 것이 중요하다.

우선 상속세 계산 구조를 살펴보고, 상속세 절세에 대해 하나씩 알아보자.

상속세 계산 구조

상속재산가액	상속개시일 현재 시가 평가(시가가 없을 시 보충적 평가)
본래 상속재산가액	피상속인의 사망 당시부터 피상속인에게 귀속되는 경제적·재산적 가치가 있는 모든 재산가액
(＋)간주 상속재산가액	피상속인의 사망으로 지급 받는 사망보험금, 생명 보험금, 신탁재산, 퇴직금 및 이와 유사한 것
(＋)추정 상속재산가액	피상속인의 사망 전 일정 금액에 대해 사용처가 불분명한 인출금, 재산 처분액 및 채무 인수액
(＝)총 상속재산가액	
(-)비과세 재산가액	국가 등에 유언으로 증여한 재산, 「문화재보호법」에 따른 일정한 재산, 선조 제사를 위한 일정한 묘토 등
(-)과세가액불산입액	종교·자선·학술 등을 위한 공익법인에 출연한 재산
(-)공과금, 장례비, 채무	사망일 현재 피상속인에게 귀속되는 의무로서 상속인이 실질적으로 승계하는 공과금, 채무액 등
(＋)사전증여재산가액	상속개시 전 10년 이내 상속 또는 상속개시 전 5년 이내 상속인 이외의 자에 대한 증여재산가액
(＝)상속세 과세가액	
(-) MAX(① 기초공제 + 인적공제, ② 일괄공제)	- 기초공제: 거주자 또는 비거주자의 사망 시 2억 원 공제 - 인적공제: 상속인 중 자녀, 연로자, 장애인, 미성년자가 있는 경우 상속인 별로 일정액 공제 - 기초공제와 인적공제를 합한 공제액과 일괄공제 5억 원 중 큰 금액을 선택하여 공제, 대부분 일괄공제 5억 원이 더 큰 공제가 됨

(-)배우자상속공제	피상속인의 사망 당시 법률혼 배우자로 인정되는 자로서 실제 상속받는 금액 중 30억 원을 한도로 최소 5억 원을 공제
(-)금융재산공제	피상속인의 금융재산가액에서 금융채무가액을 차감한 순금융재산가액의 20%를 2억 원 한도로 공제
(-)동거 주택상속공제, 가업상속공제, 영농상속공제 등	피상속인의 사망일부터 소급하여 10년 이상 계속하여 동거한 직계비속이 1세대 1주택인 주택을 상속받는 경우 6억 원 한도를 적용받는 동거 주택상속공제 외 가업상속공제 및 영농상속공제 등
(-)감정평가수수료	- 부동산과 서화·골동품 등 유형 재산은 각각 500만 원 한도 - 비상장주식 평가수수료는 평가대상법인, 의뢰기관 수별로 각각 1,000만 원 한도
(=)상속세 과세표준	

(x)세율(%)	과세표준	세율	누진 공제
	1억 원 이하	10%	
	1억 원 초과~5억 원 이하	20%	1,000만 원
	5억 원 초과~10억 원 이하	30%	6,000만 원
	10억 원 초과~30억 원 이하	40%	1억 6,000만 원
	30억 원 초과	50%	4억 6,000만 원

(-)증여재산공제	상속재산가액에 가산한 증여재산가액의 중복과세 방지를 위해 당초 증여 당시 증여세 산출세액을 공제
(-)신고세액공제 외	상속세 신고기한 이내에 상속세 신고의무 이행 시 산출세액에서 공제세액 등을 제외한 금액에서 3% 공제
(=)상속세 납부세액	일정 요건 충족 시 납부금액의 분납, 연부연납, 물납 가능

08

가상자산을 통한 부의 이전은 '10년 주기 증여 설계'로 시작

효율적인 부의 이전을 위해 가장 먼저 무엇을 알아야 할까? 바로 '10년 주기 증여 설계'다. 부의 이전 시 절세를 준비하는 가장 기초적인 방법이자 핵심적인 방법이다 보니, 수많은 자산가가 어린 자녀에게 일찍 증여하는 것을 두고 고민하는 이유이기도 하다.

'10년 주기 증여 설계'는 아이가 태어나자마자 2,000만 원을 증여하는 것으로 시작한다. 이 말을 듣고 아이가 태어나자마자 무슨 증여를 하느냐고 의문을 가질 수 있다. 그 이유는 「상속세 및 증여세법」에서 미성년인 자녀에게 재산을 증여 시 공제받을 수 있는 증여재산공제액이 10년간 2,000만 원이고, 증여재산공제액까지는 납부세액이 발생하지 않기 때문이다. 그러므로 이 방법을 사용하면 자녀에게 합법적으로 2,000만 원을 이전할 수 있다.

'증여재산공제'는 증여받는 수증자가 배우자면 6억 원, 직계존비속이면 5,000만 원(**미성년자인 직계비속은 2,000만 원**), 기타 친족이면 1,000만 원이고 증여 후 10년 주기로 갱신된다. 즉, 증여재산공제액이 10년마다 초기화되므로 이 주기를 최대한 활용하여 긴 호흡으로 부의 이전 절세 계획을 세우는 것이 가장 기초이자 핵심이다.

태어난 아이에게 아이 이름으로 된 은행계좌를 개설하고 2,000만 원을 증여한 후, 아이가 성인이 될 때까지 꾸준히 현금 증여 후 성년이 되었을 때 안전성이 높은 가상자산을 매수하게 하는 방식으로 증여설계를 할 수 있다.

현재 국내에서는 미성년자의 주식계좌는 개설이 가능하지만, 가상자산 계좌 개설은 불가능하므로 일반적으로 자녀가 성년이 되어야만 가상자산을 증여할 수 있다. 물론 개인지갑을 통해 증여하는 방식도 있지만 미래에 어떻게 현금화할지를 살펴봐야 한다.

성년이 된 자녀가 증여받은 현금으로 매수한 가상자산의 가치가 미래에 많이 오르더라도 그에 따른 가치상승분에 대해서는 증여세가 추가로 발생하지 않기 때문에, 가상자산을 활용한 증여 전략을 잘 짜면 자녀에게 큰 마중물을 마련해 줄 수 있다. 가상자산의 가치상승이 더 높게 발생할 것 같다면, 증여세를 일부 납부하더라도 증여재산공제 이상으로 더 큰 액수를 증여하는 것도 좋은 방법이다.

사실 아이가 태어나자마자 2,000만 원을 증여할 수 있는 가정이 흔치 않을 수 있다. 그렇다면 10년 주기 증여 설계를 어떻게 하는 것이 좋을까? 경제적으로 능력 있는 조부모 세대가 손주에게 증여하는 방안을 고려해 보는 것이 좋다. 이를 통해 손주의 미래를 계획해 주는 것이다. 현재 우리나라에서는 60세 이상 고령층의 자산 비중이 40%를 넘어가는 실정이므로 조부모가 미래의 손주를 위해 미리 증여해 주는 것이 효과적이다.

실제로 2018년부터 2022년까지 5년 동안 20세 미만 수증인의 증여세 신고가 눈에 띄게 증가했는데, 시간이 흐를수록 자산가치가 증가할 것이 기정사실이므로 수증인의 미래를 위해 하루빨리 증여를 계획하는 흐름을 보여준다고 할 수 있다.

■ 최근 5년간 20세 미만 수증인의 증여세 신고 현황 ■

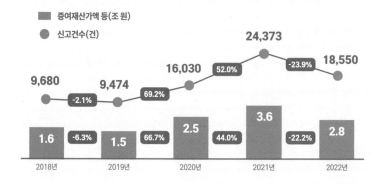

(출처: 통계청)

'10년 주기 증여 설계' 후 상속 계획까지 세운다면?

피상속인이 상속개시 전 상속인에게 상속개시일 전 10년 이내에 증여하거나, 상속인이 아닌 자에게 상속개시일 전 5년 이내에 증여한 재산가액은 상속세과세가액에 포함된다.

피상속인과 수증자 관계에 따른 사전증여재산가액

피상속인	수증자	사전증여재산가액
거주자	상속인	상속개시일 전 10년 이내에 증여한 국내외 재산가액
	상속인이 아닌 자	상속개시일 전 5년 이내에 증여한 국내외 재산가액
비거주자	상속인	상속개시일 전 10년 이내에 증여한 국내 소재 재산가액
	상속인이 아닌 자	상속개시일 전 5년 이내에 증여한 국내 소재 재산가액

사전증여를 통해 생전에 부를 이전하는 것과 더불어, 증여자가 사망하더라도 10년 이전의 증여재산가액은 상속세 신고 시 합산되지 않기 때문에 상속세 절세를 위해서도 중요하다.

상속세신고가액 통계 중 가장 많은 재산가액을 차지하는 구간은 상속재산 10억~20억 원 구간이다. 총 상속재산가액 15억 원을 평균으로 가정하여 피상속인이 사망 전부터 미리 상속을 계획한 경우와 사망 직전 급히 사전증여한 경우의 세 부담을 비교하여 절세 차이를 확인해 보자.

· 상속개시일: 2024.6.15.

· 상속세 신고기한: 2024.12.31.

· 상속인: 배우자, 기혼자녀 2명(자녀 A: 49세, 자녀 B: 47세)

· 총상속재산가액: 15억 원

· **자녀의 출생 시점부터 10년마다 증여재산공제액 범위만큼 현금을 증여하고 신고함**

증여세 계산 내역

연령	자녀 A	자녀 A의 배우자	자녀 B	자녀 B의 배우자
출생 당시(0세)	(미성년) 2,000만 원	-	(미성년) 2,000만 원	-
10세	2,000만 원	-	2,000만 원	-
20세 (성년)	5,000만 원	-	(성년) 5,000만 원	-
30세 (혼인)	5,000만 원	1,000만 원	5,000만 원	1,000만 원
40세	5,000만 원	1,000만 원	5,000만 원	1,000만 원
합계	1억 9,000만 원	2,000만 원	1억 9,000만 원	2,000만 원
인별 증여세	10년마다 증여재산공제 범위 내에서 증여했으므로 증여세 없음			

이 사례에서 피상속인은 자녀의 출생 시점부터 미리 장기적인 상속 계획을 세우고, 자녀가 성장하는 과정에서 10년마다 증여재산공제 범위에 해당하는 현금을 증여하고 증여세 신고를 했다.

더불어 자녀가 혼인하는 경우, 자녀의 배우자에게도 10년마다 증여재산공제 범위에 해당하는 1,000만 원을 증여하고 증여세 신고를 했다. 사례에서는 피상속인이 사망 전까지 자녀와 배우자에게 상속

상속세 계산 내역

구분		금액	비고
총상속재산가액		15억 원	상속재산·유증재산 등
(−)	과세가액공제액	1,000만 원	공과금·장례비·채무
(+)	**사전증여재산가액**	**1억 원**	**상속개시일 전 사전증여재산**
(=)	상속세과세가액	15억 9,000만 원	
(−)	상속공제	10억 원	일괄공제 5억 원 + 배우자상속공제 5억 원
(=)	상속세과세표준	5억 9,000만 원	
(×)	세율	30%−6,000만 원	10~50% 누진세율
(=)	상속세산출세액	1억 1,700만 원	

하기 위한 계획을 장기간 준비하고 진행해 왔기 때문에 총 증여한 재산가액 4억 2,000만 원에 대한 인별 증여세는 발생하지 않는다.

그 이후 피상속인이 사망으로 상속세를 계산하는 과정에서 상속개시일 전 10년 이내에 상속인에게 증여한 재산과 5년 이내에 상속인 외의 자에게 증여한 재산은 상속재산가액에 포함된다. 그러므로 사위 또는 며느리에게 증여한 재산은 증여 후 5년이 경과하여 상속재산에 합산되지 않고, 자녀에게 증여한 전체 증여재산가액 중 각 자녀가 40세 이후에 증여받은 재산 합계 1억 원만 상속재산가액에 합산하여 계산하면 최종 상속세는 1억 1,700만 원이 된다.

상속개시 1년 전, 급히 증여한다면?

그렇다면 사망 직전 급히 상속 계획을 준비한 후 상속이 이루어졌을 때의 상속세 부담은 얼마나 차이가 날까?

- 상속개시일: 2024.6.15.
- 상속세 신고 기한: 2024.12.31.
- 상속인: 배우자, 기혼자녀 2명(자녀 A: 49세, 자녀 B: 47세)
- 총상속재산가액: 15억 원
- **상속개시 1년 전 자녀와 그 배우자에게 총 4억 2,000만 원을 나눠 증여하고 신고하지 않음**

증여세 계산 내역

구분		자녀 A	자녀 A 배우자	자녀 B	자녀 B 배우자
증여재산가액		1억 9,000만 원	2,000만 원	1억 9,000만 원	2,000만 원
(-)	증여재산공제	5,000만 원	1,000만 원	5,000만 원	1,000만 원
(=)	과세표준	1억 4,000만 원	1,000만 원	1억 4,000만 원	1,000만 원
(×)	세율	10~50% 누진세율			
(=)	산출세액	1,800만 원	100만 원	1,800만 원	100만 원
(+)	신고불성실가산세	360만 원	20만 원	360만 원	20만 원
(=)	부담세액	2,160만 원	120만 원	2,160만 원	120만 원

상속세 계산 내역

구분		금액	비고
총상속재산가액		15억 원	상속재산·유증재산 등
(-)	과세가액공제액	1,000만 원	공과금·장례비·채무
(+)	사전증여재산가액	4억 2,000만 원	상속개시일 전 사전증여재산
(=)	상속세과세가액	19억 1,000만 원	
(-)	상속공제	10억 원	일괄 공제 5억 + 배우자 상속 공제 5억
(=)	상속세 과세표준	9억 1,000만 원	
(×)	세율	30% - 6,000만 원	10~50% 누진세율
(=)	상속세산출세액	2억 1,300만 원	
(-)	기증여납부세액	3,800만 원	
(=)	상속세납부세액	1억 7,500만 원	

　　첫 번째 사례와 같은 금액인 4억 2,000만 원을 사망하기 1년 전에 자녀와 그 배우자에게 나누어 증여했다고 가정해 보자. 실무에서 접하는 상황은 대부분 피상속인이 사망하기 직전이나 병세가 악화된 직후 자녀들에게 허겁지겁 증여하는 위와 같은 상황이다.

　　이런 경우 대부분 세무조사를 통해 급히 증여한 가액이 밝혀지고, 기증여 재산이 없다고 가정했을 때 4인의 추징 증여세는 총 4,560만 원이 된다. 이는 계산 편의상 신고불성실가산세 20%만 반영한 것으로, 납부지연가산세까지 부과된다면 세 부담은 더욱 커질 것이다. 이러한 납부지연가산세는 상속세 세무조사로서 증여세 추징세액을 실제로 납부한 날까지 1일당 원래 세액의 0.022%가 부과되므로, 무신고 증여에 대한 제척기간(**법률이 정한 기간 내에 권리를 행사하지 않으면 그 권리가 소멸되는 기간**)이 일반적으로 15년인 점을 고려한다면 그 부담도 만만치 않을 것이다.

상속재산에는 상속개시일 전 10년 이내에 상속인에게, 5년 이내에 상속인 이외의 자에게 기존에 증여한 재산가액이 포함되므로 첫 번째 예시와는 달리 두 번째 예시에서는 사망 직전에 자녀와 그 배우자(**사위 또는 며느리**)에게 증여한 가액 총액이 상속재산에 포함된다.

따라서 10년 주기 증여 설계를 활용한 경우에 비해 상속세 과세가액이 3억 2,000만 원 더 많아진다. 이는 상속세 부담으로 고스란히 이어져 증여 설계를 활용한 경우보다 상속세와 증여세 합계액이 1억 360만 원 이상 더 많아지는 결과를 낳는다.

절세 계획에 따른 총부담세액의 차이

절세 계획 유무	증여세	상속세	총부담세액
계획한 경우	-	1억 1,700만 원	1억 1,700만 원
계획하지 않은 경우	4,560만 원	1억 7,500만 원 + 납부지연가산세	2억 2,060만 원 + 납부지연가산세
	세 부담 차이		1억 360만 원 + 납부지연가산세

이를 통해 알 수 있듯이 가상자산을 포함한 부의 이전을 계획 중이라면 하루라도 빨리 10년 주기 증여 설계를 계획하는 것이 중요하다.

09

자녀에게 증여한
부동산과 주식이 급등한다면?

    증여 후 증여재산의 가치가 통상적으로 상승하더라도 그 부분에 대해서는 추징하지 않는다. 그러므로 자녀가 물가 상승 및 재산 가치 상승에 따른 이득을 누릴 수 있도록 하루라도 빨리 증여하는 것이 부의 이전으로서 증여의 목적이다. 특히 가상자산의 경우 증여 후 가치가 큰 폭으로 상승하여 더 큰 이익을 얻을 가능성도 있다.

    그런데 미래에 특정한 사유로 가치가 증가할 것을 예상하고 자녀에게 재산을 증여한다면 어떻게 될까? 법에는 직업, 연령, 소득 및 재산 상태로 보아 스스로 자금을 마련할 능력이 없는 사람이 재산을 취득한 후 5년 이내에 개발사업 시행, 형질 변경, 공유물 분할, 사업의 인허가 등으로 인해 재산 가치가 증가해 이익을 얻는 경우, 그 이익에 상당하는 금액을 증여재산가액으로 간주하는 규정이 있다.

다행히도 가상자산에 대해서는 아직 이 규정이 적용되지 않고 있지만, 일부 부동산 및 비상장주식에 대해서는 적용되고 있는 만큼 가상자산 투자자도 해당 법령을 간단하게라도 숙지할 필요가 있다. 미래에는 가상자산에도 해당 법령이 적용될 수 있기 때문이다.

일반적으로 재산 가치는 시간이 지나면서 증가하기 마련이므로 위 내용만 읽으면 대부분의 증여에 이 규정이 적용될 것만 같다. 하지만 재산 가치 증가 사유를 조문에 규정해 두었으며 그 범위도 제한적이다. 즉, 증여 후 물가상승 등의 통상적인 사유로 증여재산의 가치가 상승하더라도 그 부분은 증여로 보지 않는다.

재산 취득 사유

과세관청은 직업, 연령, 소득 및 재산 상태로 보아 스스로 재산을 취득할 수 없다고 인정되는 자가 다음 사유로 재산을 취득했는지를 가장 먼저 살펴본다.

· 특수관계인으로부터 재산을 증여받은 경우
· 특수관계인으로부터 기업의 경영 등에 관해 아직 공표되지 않은 내부정보를 제공받아 그 정보와 관련한 재산을 유상으로 취득한 경우
· 특수관계인으로부터 차입한 자금 또는 특수관계인의 재산을 담보로 하여 차입한 자금으로 재산을 취득한 경우

특별한 사정이 없는 한 일단 경제적으로 판단하여 재산을 관리할 수 있는 성인으로 인정되면 직업, 연령, 소득 등 재산 상태로 보아 자신의 능력으로 재산을 취득할 수 없다고 인정되는 자의 범위에 포함되지 않는다. 다만, 스스로 재산을 취득할 수 없다는 사실이 구체적인 증빙으로 확인되면 수증자로 보아 재산 가치 증가에 따른 증여세 과세대상이 된다.

재산 가치 증가 사유

증여재산을 취득한 날로부터 5년 이내에 다음 사유로 인해 재산 가치가 증가하면 증여세가 과세된다. 단, 거짓이나 기타 부정한 방법으로 상속세나 증여세를 줄이면 5년 이내라는 기간제한도 사라지고, 특수관계인이 아닌 자 간의 증여에 대해서도 증여세가 과세된다.

- 개발사업의 시행·형질변경·공유물 분할 등 그 밖의 사업의 인가 및 허가
- 비상장주식의 상장 등 이와 유사행위로 재산 가치가 증가하는 경우
- 재산 가치와 직접적인 연관성이 있어야 하고 이를 통해 해당 재산 가치가 직접적으로 증가하는 경우만 해당함

재산 가치 증가에 따른 이익 산정 및 과세 기준

재산 가치 증가 사유에 따라 적용되는 증여재산가액은 해당 재산을 취득하기 위해 소요된 취득가액 및 가치상승 기여분 등을 해당 재

산가액에서 차감해 다음과 같이 산정한다.

- · 재산 가치 증가에 따른 이익
= 해당 재산가액 − (해당 재산의 취득가액 + 통상적인 가격 상승분 + 가치 상승
  기여분)

재산 가치가 증가한다고 해서 모든 증가분에 대해 증여세를 바로
과세하지는 않는다. 일단 재산 가치 증가 사유에 해당해야 하고, 설
령 재산 가치가 증가했다고 하더라도 '재산 가치 증가에 따른 이익'이
기준금액 이상일 때만 증여세 과세대상에 해당한다. 다음과 같이 기
준금액 미만인 경우에는 증여세가 과세되지 않는다.

- · 기준금액 = MIN[3억 원, (해당 재산의 취득가액 + 통상적인 가격상승분 +
  가치상승 기여분) × 30%]
- · '재산 가치 증가에 따른 이익 ≥ 기준금액'인 경우에만 증여세 과세대상

실무에서는 재산 가치가 증가할 것을 예상한 상태에서 이를 미성
년자가 취득하는 경우, 특히 비상장주식을 취득하고 나서 해당 주식
이 상장되어 가치가 증가하는 경우에 '재산 가치 증가에 따른 이익'이
발생한 것으로 보는 경우가 많다.

심사-증여-2015-0038, 2015.09.17, 기각

[제목] 미성년자가 부모로부터 현금을 증여받아 취득한 주식이 5년 내 상장되어 가치 증가 시 증여세를 과세함

[요지] 미성년자인 청구인이 자기 의사와 계산으로 주식을 취득했다고 볼 수 없고, 매매대금의 원천, 지급자, 지급 과정 등에 비추어 부모가 쟁점주식을 취득하여 청구인에게 증여한 것과 경제적 실질이 같으므로 당해 주식이 5년 내 상장되어 증가된 주식 가치는 타인의 기여에 따른 증여세 과세대상임

따라서 경제적 능력이 없는 자녀가 가까운 미래에 급등할 가능성이 있다는 사실을 인지한 채 주식 또는 부동산을 취득하는 경우에는 신중하게 고민해야 한다. 물론 통상적인 가치 상승분은 이익의 증여로 보지 않으므로 일반적인 증여라면 크게 고민하지 않아도 된다. 오히려 통상적인 가치 상승분이 예측되는 주식 또는 부동산이라면 부의 이전 목적에 가장 부합하므로 빠른 시일 내에 증여하는 것이 좋다.

나아가 미래에는 가상자산에 대해 해당 법령이 어떤 식으로 접목되어 적용될지에 대해서도 고민하는 시간을 가져보자.

10

사례로 살펴보는
증여세 세무조사 유의사항

국세청 홈페이지에 게시되는 보도자료를 살펴보면, 증여와 관련해 변칙적 탈루혐의자에 대한 세무 검증을 지속적으로 실시하고 있음을 알 수 있다. 특히 2017년에 발표된 8·2 대책 이후 주택 등 부동산의 증여와 양도 관련 특별 세무조사의 빈도와 강도가 전부 높아졌다.

보도자료에 보면 세무조사 추진 성과와 함께 추징 사례가 늘 안내되어 있다. 해당 추징 사례만이라도 잘 숙지하고 부모와 자식 간에 증여를 진행한다면 세무조사 대상자가 될 가능성이 낮아질 것이다. 기막힌 묘수가 있다며 상담하러 오는 사람이 종종 있는데, 상담을 진행해 보면 전부 쉽게 들통날 수밖에 없는 꼼수인 경우가 대부분이다. 세법은 방대하고 전문적이어서 제대로 알아야만 적절히 대처할 수 있다. 증여세 세무조사 사례를 통해 증여 시 유의사항을 알아보자.

증여자의 취득자금 출처 부족 혐의

대부분의 자산가가 오해하는 것 중 하나는 세무조사가 수증자에 대해서만 이루어진다고 생각하는 것이다. 하지만 증여자가 당초 부동산을 취득할 때 경제적 능력이 없었다면, 증여자에 대한 취득자금 세무조사도 충분히 이루어질 수 있다. 그래서 필자는 관련 상담을 할 때면 증여자가 재산을 최초로 취득한 시점의 경제적 능력이 어땠는지를 항상 파악한다.

예를 들어, 과거에 아버지가 10억 원에 구입한 토지를 자녀에게 증여했다고 치자. 해당 건에 대해 세무조사가 일어난다면, 가장 먼저 수증자인 자녀가 자기 힘으로 취득세와 증여세를 납부했는지 여부 등 증여 절차를 올바르게 지켰는지 살펴본다. 여기서 한 단계 더 나아가 토지 취득 시점에 아버지가 신고한 소득을 확인한다. 만약 취득 시점 전에 아버지가 5년간 올린 소득이 5억 원도 안 되는 상황에서 해당 토지를 10억 원에 취득했다면, 아버지의 신고 소득 누락이 없었는지 추가로 살펴볼 수 있다.

만약 아버지가 사업을 운영 중인 고소득 개인사업자 또는 법인의 대표라면 개인사업자 매출 누락 또는 법인의 불법적인 자금 유출에 대한 세무조사가 동시에 시작될 수 있다.

재차 증여 합산 누락 신고자

10년 내에 동일인에게 증여받은 다른 증여재산이 있다면 재차 증여에 대한 합산신고를 해야 한다. 증여세는 누진세율이므로 합산신고를 하면 세율이 높아져 단독으로 증여할 때에 비해 납부세액이 커진다.

재차 증여 합산 누락 신고자의 경우 억울함을 호소하는 경우가 정말 많다. 본인이 언제 증여받았는지 기억하지 못하거나, 본인도 모르게 부모님이 증여를 진행한 경우가 그 예다.

만약 본인이 과거에 부모님으로부터 증여받아 증여세를 신고한 증여재산이 있는데 정확한 증여 시기와 증여재산가액이 기억나지 않는다면, 국세청 홈택스 사이트 또는 가까운 세무서에 내방하여 최근 10년 내의 증여세 신고서 및 결정 내역을 발급받아 볼 수 있다. 이것을 꼭 확인하도록 하자.

현금 증여 세무조사 사례

현금 증여의 경우 다음과 같을 때 직간접적으로 증여세 세무조사가 이루어진다.

① 배우자나 직계존비속의 부동산 구입에 따른 구입 자금 조사 과정에서 본인과 거래했던 기존의 현금 이체 내역이 밝혀지는 경우

② 부모의 사업체 세무조사 중 자녀에게 거액의 현금을 이체한 내역이 밝혀지는 경우

③ 배우자나 부모의 사망으로 인한 상속세 조사과정에서 기존의 현금 증여 내역이 밝혀지는 경우

④ 금융정보분석원 등 국가기관이 특이한 금융거래 내역을 포착하는 경우

⑤ 사업체를 운영 중인데 내부 직원이 현금매출 누락 탈세를 제보하는 경우

11

상속세 신고 준비는
빠를수록 좋다

상속세 신고 및 납부기한은 상속개시일(사망일)이 속하는 달의 말일부터 6개월이 되는 날까지다. 6개월이나 여유가 있으니 상속세 신고는 급할 것 없다고 생각하는 상속인이 간혹 있다.

그러나 겨우 한 달 정도 남겨 놓고 세무사를 찾게 되면 상속세 신고를 제대로 못 하는 경우가 발생할 수 있다. 그만큼 상속 이후 처리해야 하는 사항이 많기 때문에 상속세 신고기한인 6개월은 검토하기에 충분한 기간이 아니다.

또한, 상속개시일 이후 주요 절차를 제때 살펴보지 않으면 황망한 상황이 또다시 상속인을 찾아올 수 있다. 기한 이내에 파악해야 하는 중요한 정보들이 있는데 이를 놓치게 되기 때문이다. 상속개시일 이후 시간 순서에 따라 상속인이 처리해야 하는 사항과 각 기한마다 놓치지 말고 챙겨야 할 사항을 알아보자.

상속개시일 이후 시점별 주요 절차

시점	주요 절차
상속개시일 당시(사망일)	- 사망진단서 또는 시체검안서 수취
상속개시일 1개월 이내	- 사망신고 및 안심상속 원스톱서비스 신청 - 건강보험·신용카드·인터넷 등 고정 지출 내역 정리 - 망인의 휴대전화는 1년 이상 최저요금으로 유지할 것
상속개시일 3개월 이내	- 예금·보험 지급 청구 및 금융거래 상세 내역 준비 - 사망 관련 유족연금, 반환일시금, 사망일시금 등 청구 - 상속 포기 또는 한정승인 신고기한 - 자동차는 상속받지 않을 경우 말소신청
상속개시일 6개월 이내	- 상속재산의 시가평가 기준인 거래가액, 감정가액, 수용가액 등의 확정 마감일 - 외국인 토지 취득 신고
상속개시일이 속하는 달의 말일로부터 6개월 이내(상속세 신고기한)	- 상속세 신고 및 납부 - 피상속인 소득세 신고 및 납부 - 상속재산의 취득세 신고 및 납부 - 피상속인 사업자등록 정정 또는 폐업 신고 - 상속재산 협의 분할 및 자동차 상속 이전
상속세 신고기한부터 9개월 이내	- 이때까지 분할(등기)한 경우, 배우자가 실제 상속받은 재산으로 인정하여 배우자상속공제 적용 가능 - 상속세 결정을 위한 세무조사 시작

상속개시일 당시

가족의 사망은 언제나 큰 충격과 슬픔으로 다가온다. 앞으로 주변을 어떻게 정리해야 할지도 막막하다. 하지만 슬픔 속에서도 꼭 챙겨야 할 것들이 있으며, 그래야만 망자가 가족들을 위해 남겨둔 재산을 유지대로 상속할 수 있다.

먼저 사망진단서를 수령하고 장례식장을 예약한다. 장례에 들어간 비용 영수증과 봉안시설 및 자연장지 등을 마련하기 위한 비용이 있다면 관련 영수증도 챙긴다. 상속세 신고 시 필요경비로 장례비용은 최소 500만 원에서 최대 1,000만 원까지 인정받을 수 있고, 봉안시설 사용료도 최대 500만 원까지 경비로 인정받을 수 있다.

상속개시일 1개월 이내

장례 이후에는 본격적으로 망자의 신변 정리를 시작한다.

1 | 사망신고

가장 먼저 할 일은 사망신고다. 사망신고는 사람이 사망했음을 보고하는 신고다. 사람은 생존하는 동안 권리와 의무의 주체가 되므로 출생신고에 의해 가족관계등록부가 작성되고, 사망신고에 의해 최종적으로 가족관계등록부가 폐쇄된다. 사망자와 동거하는 친족이 사망 사실을 안 날로부터 1개월 이내에 사망신고를 해야 한다. 신고기간이 지난 후에 신고해도 적법한 신고로서 효력이 있지만, 신고기한 이내에 신고하지 않으면 5만 원의 과태료가 부과된다.

2 | 안심 상속 원스톱 서비스 (사망자 등 재산 조회 통합처리 신청서비스)

안심 상속 원스톱 서비스는 사망신고 시 상속의 권한이 있는 자가 사망자의 재산조회를 통합 신청할 수 있게 하여 사망 처리 후속 절차의 번거로움을 없애고, 상속과 관련하여 신속한 대처가 가능하도록 편의를 제공하는 제도다. 대부분 사망신고를 하려고 시·군·구청 또는 주민센터를 방문하여 피상속인의 '안심 상속 원스톱 서비스'를 동시에 진행한다. 정부24(www.gov.kr)에서도 신청할 수 있다.

안심 상속 원스톱 서비스는 피상속인의 상속재산과 상속채무를 파악할 수 있는 정말 중요한 절차다. 최대한 빠르게 확인하여 상속인 간에 재산과 채무를 어떻게 상속받을지에 대해 논의하는 시간을 충분히 확보하는 것이 급선무다.

안심 상속 원스톱 서비스를 신청하기 전에 유념할 사항은 해당 서비스를 신청하면 피상속인의 금융재산 인출 거래가 정지된다는 점이다. 추후 상속인 입증서류를 챙겨서 은행 등에 내방하면 금융재산을 상속인 계좌로 옮길 수 있지만, 그 전에 지급해야 할 자동이체 서비스 등이 인출되지 않기 때문에 연체에 대한 불이익을 받을 수 있다. 그러므로 급한 자금이 있다면 미리 상속인 간에 협의하여 인출하는 것이 좋다.

그리고 금융재산은 상속세, 취득세, 종합소득세 등 세금납부와 상속업무에 필요한 진행비용으로 지출하는 것이 바람직하며, 상속인들끼리 섣불리 나누어 소비하는 것은 좋지 않다.

- 신청 기한: 사망일이 속한 달의 말일로부터 1년 이내에 신청 가능
- 신청 방식: 가까운 구청이나 주민센터 방문 신청 및 온라인 정부24에서 신청
- 신청 자격: 상속인, 상속권한이 있는 자의 대리인 또는 후견인
- 신청 절차: 사망신고와 함께 또는 사망신고 처리 완료 후 사망자 재산 조회 신청서 작성, 방문 제출 또는 온라인 신청(온라인 신청은 사망신고 처리 완료 후 가능)
- 지원 내용: 한 번의 통합신청으로 사망자와 피후견인의 재산 조회 결과를 문자, 우편 등으로 제공
- 통합 처리 대상 재산 조회 종류(19종): ①지방세정보(체납액·고지세액·환급액), ②자동차정보(소유내역), ③토지정보(소유내역), ④국세정보(체납액·고지세액·환급액), ⑤금융거래정보(은행, 보험 등), ⑥국민연금정보(가입여부 및 대여금 채무여부) ⑦공무원연금정보(가입여부 및 대여금 채무여부), ⑧사학연금정보(가입여부 및 대여금 채무여부), ⑨군인연금정보(가입유무), ⑩건설근로자 퇴직공제금정보(가입유무), ⑪건축물정보(소유내역), ⑫대한지방행정공제회 가입상품(가입유무), ⑬군인공제회 가입상품(가입유무), ⑭과학기술인공제회 가입상품(가입유무), ⑮한국교직원공제회 가입상품(가입유무), ⑯근로복지공단 퇴직연금, 대지급금 채무, ⑰소상공인시장진흥공단 소상공인정책자금대출여부, ⑱어선정보(소유내역), ⑲4대사회보험료(건강보험, 국민연금, 고용보험, 산업재해보상보험)
- 처리 기한(토요일·공휴일 제외, 접수일 포함): ① 7일 이내 - 지방세 체납세액·고지세액·환급액, 토지 소유 내역 정보 등, ② 20일 이내 - 국세, 금융거래, 국민연금·공무원연금·사립학교교직원연금 정보 등

3 | 금융감독원의 상속인 금융거래조회 서비스

상속인이 피상속인의 금융재산 및 채무를 확인하기 위해 무작정 금융회사를 일일이 방문하는 것은 시간적·경제적으로 어렵다. 이러한 어려움을 덜기 위해 금융감독원에 조회를 신청하여 각 금융회사

에 대해 피상속인의 금융거래 여부를 확인할 수 있는 서비스다. 안심 상속 원스톱 서비스의 신청 정보로 휴대전화 인증을 받아 좀 더 상세한 내역을 확인할 수 있다.

4 │ 고정지출 내역 정리 및 피상속인의 휴대전화 유지

건강보험, 신용카드, 통신비용 등 피상속인의 이름으로 된 각종 고정 지출사항을 정리해야 한다.

휴대전화와 집 전화기는 피상속인의 채권·채무 관계를 확인하는 데 필요할 수 있으므로 1년 정도는 기본요금으로 변경하여 해지를 미루는 것이 좋다. 피상속인이 누군가에게 돈을 빌려주었는지 또는 빌렸는지 등에 대한 내역이 대부분 메시지로 남아 있기 때문에 고인의 휴대전화 정보는 정말 중요하다는 것을 잊지 말자.

또한, 피상속인의 부고를 전달받지 못하는 지인이 있을 수도 있다는 점에서도 휴대전화를 해지하지 않는 것이 좋다. 최악은 피상속인의 휴대전화를 초기화하여 부고 전달 및 채권·채무 관계를 도저히 확인할 수 없는 경우다.

상속개시일 3개월 이내

1 │ 예금 및 보험 지급 청구 및 금융거래 상세 내역 준비

안심 상속 원스톱 서비스로 파악한 피상속인의 예금 및 보험 정보를 기반으로 각 은행, 우체국, 증권사, 보험사에 사망진단서, 가족관계증명서, 인감증명서 등 피상속인과 상속인의 관계를 입증할 서류를 지참하여 지급을 청구한다.

지급 청구 차 방문할 때는 꼭 피상속인의 10년간 계좌 내역 일체와 보험료 납입 내역 등 추후 상속세 신고를 위한 각종 자료까지 요청하여 두 번 방문하는 일이 없게 하는 것이 중요하다. 이때 발급받은 금융거래 내역, 보험료 납입 내역 등을 통해 금융재산 총액, 보험금 총액, 사전증여 내역 등을 파악할 수 있다.

피상속인의 10년간 계좌내역 일체는 종이서류보다는 전자파일 형태로 요청해야 계좌내역을 파악하는 데 걸리는 작업시간과 오류를 줄일 수 있다. 나아가 상속인들도 본인과 피상속인이 거래했던 계좌 혹은 주거래은행 계좌의 10년간 내역을 전자파일로 요청 및 수령하여 담당세무사에게 전달하는 편이 정확하고 신속한 사전증여 파악으로 이어져 유리하다.

피상속인과 상속인의 계좌 거래내역 및 거래량에 따라 다르지만, 실무에서는 10년간의 계좌내역을 검토하는 데 1개월에서 3개월 정도 소요되므로 금융거래내역을 최대한 빨리 파악할 수 있도록 준비하길 권한다.

사망 관련 유족연금, 반환일시금, 사망일시금 등을 국민연금공단에 신청하여 수령하는 것도 잊지 말자.

2 | 상속 포기 또는 한정승인 신고기한

상속 포기는 상속인이 되지 않기로 결정하는 단독 의사표시로, 상속으로 인해 생기는 모든 권리와 의무를 승계하지 않도록 하며 상속인이 아닌 상태로 되돌리는 효력을 발생시킨다. 공동상속의 경우에는 상속인별로 자유롭게 상속을 포기할 수 있다. 피상속인의 재산보다 부채가 많다고 판단되면 상속 포기를 고민하기도 한다.

한정승인은 상속인이 상속으로 취득할 재산의 한도 내에서 피상속인의 채무와 유증을 변제하는 것을 조건으로 상속을 승인하는 것을 말한다. 공동상속의 경우에는 상속인별로 자기의 상속분에 따라 취득할 재산의 한도 내에서 그 상속분에 따른 피상속인의 채무와 유증을 변제할 것을 조건으로 상속을 승인할 수 있다.

만약 상속채무가 상속재산보다 많은데 상속인이 3인이라면, 2인은 상속 포기를 하고 1인은 한정승인을 하여 다음 세대로 상속채무가 이전되는 것을 막고 상속인 선에서 마무리를 지을 수 있다. 만일 3인이 다 상속 포기를 선택하면 「민법」상 다음 순위 상속인에게 상속채무와 상속재산이 넘어가 고통스러운 일이 생길 수 있으니 유의한다.

마지막으로 상속이 개시된 것을 안 날부터 3개월 이내에 가정법원에 상속 포기 또는 한정승인을 신고해야 한다. 물론 특별한정승인 등의 절차로 사후에 처리할 수도 있지만 피상속인의 사망이라는 슬픔 이후 상속에 따른 2차적 슬픔을 여기서 마무리 짓고자 한다면, 상속개시일 이후 3개월 이내에 상속 포기 또는 한정승인에 대한 의사 결정을 완료하는 것이 바람직하다.

당연한 말이지만, 상속 포기와 한정승인을 진행하려면 상속재산 및 상속채무를 최대한 빨리 파악해야 한다는 점을 잊지 말자.

3 | 피상속인 자동차 상속 말소신청 및 그 외 업무

피상속인의 자동차를 상속받지 않으려면 상속개시일로부터 3개월 이내에 상속 말소신청을 해야 한다. 만약 상속 말소신청을 하지 않으면 10일 이내에는 10만 원, 그 이후 1일마다 1만 원씩 범칙금이 추가되어 최대 50만 원이 부과된다.

상속개시일 6개월 이내

상속개시일인 '평가기준일 전후 6개월 이내'에 시가를 확인할 수 있는 시가 인정 사유가 다음과 같이 존재해야 한다. 이때 시가 인정 사유 판단 기간을 상속세 신고 기간(**상속개시일이 속하는 달의 말일로부터 6개월 이내**)과 혼동하지 않도록 주의한다.

① 거래가액의 경우에는 매매계약일
② 감정가액의 경우에는 가격산정 기준일과 감정가액평가서 작성일 모두
③ 수용보상가액·경매·공매가액의 경우에는 그 가액이 결정된 날

주로 감정평가가액을 해당 기간 이내에 평가해서 평가서를 신고서에 첨부해야 하므로 감정평가를 통해 시가를 확정하고자 한다면 너무 늦지 않게 진행하는 것이 좋다.

상속개시일이 속하는 달의 말일로부터 6개월 이내

상속으로 인해 발생하는 세금은 크게 상속세, 종합소득세, 취득세의 세 가지다. 먼저 피상속인의 상속세 신고 및 납부를 하는 것이 가장 핵심적인 신고의무다.

다음으로 피상속인의 상속개시일 전까지의 종합소득세 신고도 필요하다. 피상속인의 사업장에 대한 사업자등록 승계는 상속인 간의 협의에 따라 사업장 승계자가 달라질 수 있으므로 상속재산 협의가 어느 정도 마무리된 이후에 진행하는 것이 좋다. 특히 부동산임대업은 부동산을 상속받은 상속인이 부동산임대업을 자동으로 승계받게 되니 본인에게 미칠 영향을 고려하여 신중히 상속받도록 하자.

이 시기는 가상자산을 상속받는 경우엔 해당하지 않지만, 부동산을 상속받는다면 부동산의 취득세 신고 및 납부를 마쳐야 하는 기한이기도 하다. 그 외에 자동차를 상속받기로 했다면 소유권이전등록 신청도 이 기한 내에 마쳐야 한다.

상속재산 중 부동산 비중이 높은 경우가 대부분이므로 부동산을 상속받을 상속인과 상속 비율을 정하기 전에 신중하게 고민해야 한다. 예를 들어 무주택자로 오랫동안 지내온 상속인이 상속주택을 1%라도 상속받으면 주택 소유자로 간주되어 청약 시 부적격자가 될 수도 있다.

상속세, 소득세, 취득세 이 세 가지 세금은 동시에 납부하게 되므로 거액의 자금이 필요할 수 있다. 따라서 세금의 재원 마련과 납부

방식도 상속인 간에 미리 협의해 두어야 한다. 이 기간까지 관련 세금의 신고 또는 납부가 이루어지지 않으면 신고불성실 및 납부지연 가산세가 부과된다.

상속세 신고기한 이후 9개월 이내

상속세를 줄여주는 여러 가지 공제가 있지만 그중에서 가장 핵심은 배우자상속공제다. 거주자의 사망으로 인해 상속이 개시되는 경우로 피상속인의 배우자가 생존해 있으면 최소 5억 원에서 최대 30억 원까지 배우자상속공제를 적용받을 수 있다.

배우자상속공제를 적용받기 위해서는 상속세 신고기한의 다음 날부터 9개월이 되는 날까지 상속인 간 상속재산 협의분할을 통해 배우자 몫의 상속재산을 분할(**등기·등록·명의변경 등을 요구하는 경우에는 그 등기·등록·명의변경 등이 된 것에 한함**)하고, 상속재산의 분할 사실을 납세지 관할 세무서장에게 신고해야 한다.

이 규정의 취지는 배우자상속공제를 받아 상속세를 납부한 이후에 상속재산을 배우자가 아닌 자의 몫으로 분할함으로써, 배우자상속공제를 받은 부분에 대해 조세회피가 일어나는 것을 막고 상속세에 관한 조세 법률관계를 조기에 확정하고자 하는 것이다.

이때까지 상속재산이 분할되지 않으면, 분할되지 않은 재산은 배우자가 실제 상속받은 금액에 포함할 수 없기 때문에 배우자상속공제가 큰 폭으로 줄어든다.

또한, 배우자에게 가상자산을 상속했다고 해놓고 실질적인 가상자산 투자 운용은 다른 상속인이 하는 행위 등을 조사 시점에 포착할 경우 배우자상속공제가 부인될 수도 있으니, 상속인들은 항상 상속재산과 관련해 협의하여 분할한 대로 자산을 운용해야 한다.

마지막으로 상속세의 경우 신고 및 납부로 모든 세무업무가 종결되지 않으며, 국세청에서 상속세 신고 이후 9개월 이내에 세무조사를 통해 신고의 적정성을 파악하고 결정하게 된다. 상속세 세무조사는 거의 모든 경우에 발생하기 때문에 국세청으로부터 우편물을 받더라도 당황하지 말고, 담당 세무사에게 연락하여 세무조사에 임하도록 하자.

세무조사가 이루어지는 과정에서 기존 사전증여 내역 또는 신고하지 않은 상속재산이 발견되어 추가로 세액이 발생하는 경우가 많다. 상속세 신고 이후 일정 기간이 지난 다음 세무조사를 받아 세무추징이 발생했을 때 즉각 납부할 여력이 없다면 당혹스러울 것이다. 이를 미연에 방지하려면 미래에 상속세와 관련한 조사 결과로 세액이 발생하더라도 납부할 수 있도록 상속인 간에 협의하여 공동계좌에 일정한 예금을 넣어두는 것이 좋다.

12

피상속인이 사망 전
'2년 이내'에 가상자산을
급히 처분했다면?

대부분의 상속인은 피상속인이 사망하고 장례 절차를 마무리한 후에야 상속재산가액을 자세히 파악한다. 이 과정에서 대부분의 상속인이 사망 당시 보유 중인 피상속인의 재산에 대해서만 상속세를 가늠하고는, 걱정했던 것보다 상속세가 적게 나오겠다며 안심한다.

하지만 이러한 섣부른 판단은 추후 상속세 납부 재원을 마련하기 어렵게 하고, 향후 상속재산의 운용 방향이 달라지게 하는 결과를 초래할 수 있다. 피상속인의 상속개시 전에 가상자산을 처분하여 인출한 금융재산의 경우, 상속개시일 현재 표면적으로 드러나지 않더라도 일정 요건에 해당하면 추정상속재산으로 보아 상속재산가액에 포함하기 때문이다. 실제 상속세를 신고하는 과정에서 간과하는 바

람에 추후 세무조사로 추징되는 부분 중 가장 높은 비중을 차지하는
것이 바로 추정상속재산이다.

'추정상속재산'이란 상속개시일 전에 피상속인이 재산을 처분하
거나 채무를 부담한 금액 중 사용처가 객관적으로 명확하지 않은 금
액을 의미하며, 상속개시일 전 1년 이내에 2억 원 이상 또는 2년 이
내에 5억 원 이상일 때 해당한다. 이 제도는 상속개시일 전에 재산을
현금으로 바꿔 상속인에게 몰래 증여하거나 숨기는 방법으로 상속
세를 회피하려는 부정행위를 막는 데 목적이 있다.

추정상속재산에 해당하는 요건

① 상속개시일 전 재산처분액 등 요건
· 상속개시일 전 1년 이내에 재산 종류별로 계산한 금액이 2억 원 이상인 경우
· 상속개시일 전 2년 이내에 재산 종류별로 계산한 금액이 5억 원 이상인 경우
· 대통령령으로 정하는 바에 따라 상기 금액의 용도가 불분명한 경우
* '재산 종류별'이란 다음과 같이 재산별로 구분한 것을 말한다. 특정 재산 종류만
  소명대상이 될 수 있다.
  1) 현금·예금 및 유가증권
  2) 부동산 및 부동산에 관한 권리
  3) 그 외의 기타 재산

② 상속개시일 전 채무부담액 요건
· 상속개시일 전 1년 이내 채무부담액의 합계액이 2억 원 이상인 경우

· 상속개시일 전 2년 이내 채무부담액의 합계액이 5억 원 이상인 경우
· 대통령령으로 정하는 바에 따라 상기 금액의 용도가 불분명한 경우

③ '용도가 불분명한 경우'

1. 피상속인이 재산을 처분하여 받은 금액이나 피상속인의 재산에서 인출한 금전 등 또는 채무를 부담하고 받은 금액을 지출한 거래상대방이 거래 증빙의 불비 (자료의 부재) 등으로 확인되지 않는 경우

2. 거래상대방이 금전 등의 수수사실을 부인하거나 거래상대방의 재산상태 등으로 보아 금전 등의 수수사실이 인정되지 않는 경우

3. 거래상대방이 피상속인의 특수관계인으로서 사회 통념상 지출 사실이 인정되지 않는 경우

4. 피상속인이 재산을 처분하거나 채무를 부담하고 받은 금전 등으로 취득한 다른 재산이 확인되지 않는 경우

5. 피상속인의 연령·직업·경력·소득 및 재산 상태 등으로 보아 지출 사실이 인정되지 않는 경우

추정상속재산 산정 시 계좌입금액이 있다면, 서로 차감한 잔액을 기준으로 판단할까?

상속개시일 전 1년 또는 2년 이내에 피상속인이 가상자산을 처분했다면 총매매가액을 기준으로 추정상속재산으로 파악할지 여부를 결정한다.

재산상속 46014-1334, 2000.11.07

[제목] 상속재산으로 추정되는 2년 내 처분재산에 대한 과세가액에 부채와 상계한 양도가액이 있는 경우

[요약] 피상속인이 부동산을 처분하면서 본인이 변제해야 할 채무를 매수자가 승계하기로 매매계약을 체결한 경우, 「상속세 및 증여세법」에 따라 재산을 처분하고 받은 금액이 2억 원 이상인지 여부는 총매매가액을 기준으로 하여 판단하고, 매수자가 승계한 채무액에 대해 처분재산의 사용처가 확인된 것으로 본다.

추정상속재산으로 인정되면 전액 상속재산으로 볼까?

추정상속재산이 재산 종류별로 1년 이내에 2억 원 또는 2년 이내에 5억 원 미만이라면 사용처를 소명해야 하는 대상 자체가 아니다. 그러나 이 기준금액을 넘고 사용처 소명 금액을 차감한 용도 불분명 금액이 추정상속 배제 기준을 넘으면 상속추정을 적용받게 된다.

· 추정상속 배제 기준 = 용도 불분명 금액 < Min(①2억 원, ②재산 처분액·인출액·채무부담액 × 20%)
· 추정상속재산가액 = 용도 불분명 금액 − Min(①2억 원, ②재산 처분액·인출액·채무부담액 20%)

이때 추정상속재산가액은 사용처가 소명되지 않은 용도 불분명 금액에서 2억 원과 재산 종류별 금액의 20% 중 작은 금액을 차감한 가액으로 한다. 따라서 피상속인이 가까운 미래에 세상을 떠날 것으

로 예상된다면 부동산 처분 등 재산의 변동이 발생했을 때 처분대금의 입금과 지출 내역, 사용처, 사용 일자, 사용 목적을 기록하고 증빙을 보관해 두는 것이 상속세 신고 이후 세무조사에 대응할 수 있는 가장 확실한 방법이다.

13

상속세 세무조사의 핵심은 '사전증여'

법에서는 상속 직전 상속세 과세대상 재산을 증여하는 방식으로 상속세를 회피하는 것을 막기 위해 일정 기간 내에 증여한 재산을 상속재산가액에 합산한다. 이는 상속개시일부터는 상속재산이 피상속인의 재산이 아니라는 특징 때문에 대부분의 상속세 세무조사에서 핵심이 되는 주제다. 그러므로 상속세에서 사전증여재산에 대한 이해는 필수적이다.

사전증여 당시 증여세 신고를 마쳤다면, 신고 내역을 확인하여 절차에 따라 상속세 신고서에 반영하면 되기 때문에 전혀 문제가 없다. 그러나 문제는 증여세를 신고하지 않은 사전증여재산이다.

자녀한테 돈을 주고 나서 국세청으로부터 단 한 번도 전화를 받아

본 적이 없다고 자신 있게 말하는 사람들이 있다. 이 말의 일부는 맞고 일부는 틀리다. 아무리 세무서라고 하더라도 아무 혐의가 없는 납세자의 개인계좌를 내 통장 보듯 들여다볼 수는 없으며, 조세포탈 등의 혐의가 있거나 조사과정에서 필요한 경우에만 금융기관에 협조를 요청하여 계좌를 확인할 수 있기 때문이다. 그리고 세무서 입장에서도 행정력의 한계가 있으니 예상 추징 세액이 크지 않은 경우까지 전수조사할 여력이 없다.

그러나 이러한 증여 사실은 10년 이내에 증여자의 상속이 개시되는 경우에 드러난다. 증여 당시에는 절대 포착되지 않을 것으로 확신했던 무신고 증여 내역이 상속세 조사 때 전부 드러나기 때문이다. 일반적으로 과세관청은 상속세 조사 시점에 피상속인을 기준으로 10년간 배우자 및 자녀에게 이체한 계좌 내역과 5년간 손주, 사위 및 며느리 등에게 이체한 계좌 내역을 조사하여 소명을 요청한다.

故　　　　님 상속세 조사　소명요구서(23.04.10限)

예금주	금융기관명	계좌번호	거래일	출금	입금	잔액	사용계
	은행	056735	2011-09-02	1,000,000		4,171,943	최
	은행	056735	2011-09-02	1,000,000		3,171,943	최
	은행	056735	2011-10-14	1,000,000		3,929,720	최
	은행	056735	2012-04-02	1,000,000		4,857,833	최
	은행	056735	2012-04-02	1,000,000		3,857,833	최
	은행	056735	2012-04-02	1,000,000		2,857,833	최
	은행	056735	2012-05-21	1,000,000		2,829,587	최
	은행	056735	2012-05-21	1,000,000		1,829,587	최
	은행	056735	2012-05-21	1,000,000		829,587	최
	은행	056735	2012-06-11	1,000,000		2,928,424	박
	은행	056735	2012-06-20	1,000,000		752,284	최
	은행	056735	2012-06-20	1,000,000		247,716	최
	은행	056735	2012-07-13	1,000,000		4,600,531	최
	은행	056735	2012-07-13	1,000,000		3,600,531	최
	은행	056735	2012-07-13	1,000,000		2,600,531	최
	은행	056735	2012-07-13	1,000,000		1,600,531	최

상속세 세무조사 소명 요구서 예시

실무에서 가장 많이 듣는 질문이 "그러면 얼마 정도의 이체내역부터 사전증여 소명 요청이 들어오나요?"라는 것이다. 과세관청도 100만 원 미만의 가족 간 이체내역은 각종 생활비나 병원비 등 비과세 항목이 될 수 있다고 여겨 100만 원 이상의 이체내역에 대해 집중적으로 소명할 것을 요청하는 편이다. 그러나 1,000만 원 이상의 내역에 대해서는 가족 간 거래가 아니어도 필수적으로 소명을 요청하는 경우가 많다.

하지만 이는 어디까지나 세무 조사관의 재량에 따라 달라진다. 필자는 1회 거래금액이 5만 원인 형제간의 반복적인 거래내역 10년 치를 소명하라는 요청을 받은 적도 있고, 자녀의 청약통장에 매월 10만 원씩 납입한 10년 치 거래내역에 대해 소명 요청을 받은 적도 있다.

이렇게 사전증여가 발생하면 세금이 얼마나 추징될까? 납세자는 가산세가 얼마나 무서운지 모르다 보니 사전증여된 내역에 대해 별로 공포를 느끼지 않기도 한다. 앞서도 언급했지만, 필자가 경험했던 9년 11개월 28일 전에 3억 원을 증여하고 신고하지 않은 사건에서 상속세 세무조사 시점에 어떻게 과세되었는지 한번 계산해 보자.

1. 자녀의 9년 11개월 28일 전 납부하지 않은 증여세(30% 구간) 원세액: 9,000만 원
2. 증여세 원세액에 대한 무신고 불성실 가산세 20%: 1,800만 원
3. 증여세 원세액에 대한 납부불성실 가산세 연 10%, 10년분이므로 약 100%: 9,000만 원

4. 미신고 증여세에 대한 상속세(50% 구간) 원세액: 6,000만 원

5. 상속세 원세액에 대한 과소신고 불성실 가산세 10%: 600만 원

6. 상속세 원세액에 대한 납부불성실 가산세 연 10%, 1년분이므로 약 10%:
   600만 원

7. 합계: 약 2억 7,000만 원

이처럼 증여한 재산가액에 버금가는 금액을 세금으로 납부하는 상황이 펼쳐질 수 있는 것이 바로 사전증여의 무서움이다. 이는 사전증여 시점부터 상속세 조사 시점까지 가산세가 차곡차곡 쌓인 결과로 발생한다. 그러니 사전증여를 허투루 생각하지 않도록 하자.

꼭 알아야 할 사전증여 기초 지식

피상속인이 상속개시 전 상속인에게 상속개시일 전 10년 이내에 증여하거나, 상속인이 아닌 자에게 상속개시일 전 5년 이내에 증여한 재산가액은 상속세 과세가액에 포함된다. 그렇다면 사전증여재산가액을 상속세 과세가액에 합산하는 경우와 합산하지 않는 경우를 구분해서 알아보자.

1 | 사전증여재산가액을 상속세 과세가액에 합산하는 경우

하나, 상속개시 전 10년 이내에 상속인이 피상속인으로부터 재산을 증여받고, 상속개시 후 민법상 상속 포기를 하는 경우에도 당해 증여받은 재산을 상속세 과세가액에 합산한다.

둘, 피상속인이 상속개시 전 5년 이내에 영리법인에게 증여한 재산가액 및 이익은 상속인이 아닌 자에게 증여한 재산가액으로 상속재산에 포함한다. 동 재산가액 및 이익에 대한 법에 따라 산정한 증여세 산출세액의 상당액은 상속세 산출세액에서 공제한다.

셋, 증여세 과세특례가 적용된 창업 자금과 가업을 승계한 주식의 가액은 증여받은 날부터 상속개시일까지 기간이 상속개시일로부터 10년 이내인지 여부와 관계없이 상속세 과세가액에 합산한다.

2 | 사전증여재산가액을 상속세 과세가액에 합산하지 않는 경우

하나, 상속개시일 이전에 수증자가 피상속인으로부터 재산을 증여받고 피상속인의 상속개시일 전에 사망한 경우에는 상속인 등에 해당하지 않으므로, 피상속인의 상속세 과세가액에 사전증여재산가액을 합산하지 않는다.

둘, 피상속인이 상속인에게 증여한 재산을 증여세 신고기한을 경과한 뒤 반환받고 사망하여 증여세가 부과된 경우로서, 반환받은 재산이 상속재산에 포함되어 상속세가 과세될 때는 사전증여 재산에 해당하지 않는다.

3 | 늦었지만 지금이라도 증여해야 할까?

시한부 선고 등에 따라 연명 가능한 날을 예측할 수 있는 경우가 있다. 이때 피상속인의 의사에 따라 상속재산 중 특정 상속인에게만 반드시 남기고 싶은 재산이 있을 수도 있다. 예를 들어, 상속인 중 특히 경제적으로 궁핍한 자녀가 있을 때 어떻게든 돕고 싶은 경우다.

그러나 상속인에 대한 사전증여 시 상속재산가액에 가산된다는 걱정이 앞서 선뜻 결정을 내리지 못할 수도 있는데, 이 경우에도 증여 후 5년 이상은 건강하게 삶을 보낼 수 있을 것으로 예측된다면 자녀의 배우자 또는 손주에게 증여하여 상속세를 줄일 수 있다.

사위, 며느리 또는 손주는 '상속인이 아닌 자'에 해당하므로 상속개시일 전 5년 이내에만 증여하지 않으면 상속세과세가액에 가산되지 않는다. 따라서 경제적으로 궁핍한 자녀도 돕고 미래의 상속세도 절세할 수 있다.

14

상속 전 세무사를 만나서
상속세 줄이는 법

    요즘은 사전에 상속세 컨설팅을 요청하는 경우가 많다. 약식으로 상속세 세무조사 기법을 활용하여 피상속인과 상속인의 계좌 10년 치 내역을 검토하고, 추후 벌어질 상속세 문제들을 확인하는 것이다.

    필자는 이런 요청이 들어오면 사전증여 내역, 부모님의 현재 재산에 대한 시가평가 문제, 부모님의 현금 인출내역 등을 포괄적으로 검토하여 자산관리와 더불어 절세가 가능하도록 도움을 주고 있다. 생각보다 폭넓은 상속세와 증여세 문제를 상속 전에 미리 확인한 덕분에 미래에 발생할 세금 추징액의 상당 부분을 제거한 사례도 있다.

    상속세는 단순히 알고 있는 수준보다 더 복잡한 데다 추후 상속이 이루어졌을 때 상속세 신고기한도 촉박하다. 그러므로 사전에 세무사에게 상속세 컨설팅을 받음으로써 이러한 어려움에 미리 대비하는 효과도 충분히 얻을 수 있다.

현금 입출금 내역 파악이 1순위

부모님이 지난달에 얼마를 지출했고 그중에서 현금 인출액은 얼마인지 아는 사람은 그리 많지 않을 것이다. 이렇게 내가 알 수 없는 지출내역을 상속인으로서 소명하지 않으면, 억울하지만 상속세로 추징되는 것이 대한민국 상속세법이다.

그러므로 상속을 앞두고 있다면 부모님의 현금 입출금 내역 파악이 1순위다. 그간 부모님이 매월 2,000만 원씩 현금을 인출한 사실을 파악했다면 즉시 현금 인출을 멈추게 해야 한다.

특히, 요즘 문제가 되는 것이 거액의 현금을 출금하여 간병비 등으로 매월 반복적으로 계속 지급하는 경우다. 간병비가 얼마나 되기에 그러느냐고 대수롭지 않게 생각했던 사람도 막상 부모님의 간병을 시작하면 살인적인 간병비에 경악을 금치 못한다.

한국은행에서 발표한 '돌봄서비스 인력난 및 비용 부담 완화 방안' 보고서에 따르면, 2023년 월평균 간병비는 약 370만 원으로 추산되어 65세 이상 가구 중위소득(224만 원)을 훌쩍 넘었다. 자녀 가구(40~50대) 중위소득(588만 원)의 60%를 넘어서는 수치다. 월평균 간병비가 저 수준이지, 필자가 접한 사례에서는 간병비가 월 500만 원을 거뜬히 넘는 경우가 아주 흔했다. 그야말로 간병지옥이 시작된 지 오래다. 이런 큰 금액을 자녀가 낸다는 건 너무나 힘든 일이다. 그나마

부모님이 여유가 되어 그간 벌어둔 자산을 현금으로 인출하여 간병비를 지급하고 있다면, 마냥 현금으로 지출하면 안 된다는 점을 꼭 명심하자.

간병비를 간병인에게 계좌이체 하면 되지 않느냐고 생각하겠지만 이는 간병 현실을 모르고 하는 소리다. 울며 겨자 먹기로 중국인을 간병인으로 쓰는 상황이 대부분이며, 이들이 현금으로 입금할 것을 요구하기 때문에 그에 따를 수밖에 없는 것이 현재의 간병 시스템이다.

계좌이체를 하게 되면 기록이 남기 때문에 간병인은 종합소득세 부담은 물론이고, 불법 체류 상태를 유지할 수 없는 등의 상황을 피하기 위해 계좌이체 내역이 노출되는 것을 극도로 꺼린다. 간혹 신분상 계좌 개설 자체를 못 하는 간병인도 있다.

그러나 이렇게 고액의 간병비를 계속 현금으로 지출하다가 추정상속재산가액 기준에 걸리면 상속인은 억울하게 상속세를 납부해야 할 수도 있다. 상속세 조사가 시작되면 간병인에게 연락하여 소명해 달라고 요청하면 되지 않을까 하는 안일한 생각은 애당초 하지 않길 바란다. 그간 상속 실무를 경험해 보니 추후 간병인과 연락이 되는 경우도 극히 드물었고, 연락이 되더라도 내가 그걸 왜 해주느냐며 바로 연락처를 차단하는 경우가 부지기수였다.

그러니 현재 부모님이 간병비를 현금으로 지출하고 있다면 이에 대한 확인증을 미리 받아두는 것이 좋다. 추후 추정상속재산 문제가 발생할 때를 대비하고, 국세청에서 자녀에게 현금성 자산을 증여하기 위해 현금으로 인출했다고 간주하는 경우가 많은데 이러한 오해를 풀기 위해서다.

나아가 현금으로 부모님이 누군가에게 돈을 빌렸거나 빌려주었다면, 부모님이 살아생전에 그 거래내역에 대해 물어보는 시간을 가져야 한다.

상속세는 기간과의 싸움, '남은 기간'의 전략이 핵심

상속인은 10년, 상속인 이외의 자는 5년간 증여한 내역을 상속재산에 더해야 한다. 그러므로 상속인이 치매 초기 단계라면 아직 초기라 괜찮다며 마음 놓고 있기보다는 상속인이 아닌 자인 손주나 사위 또는 며느리에게 증여하는 계획을 세우는 것도 좋다. 어차피 언제 상속될지 모른다며 손 놓고 있다가는 추후 상속이 이루어질 때 발생하는 고액의 상속세에 크게 당황할 것이 자명하다.

치매는 진단 후에도 치매치료제 복용 등을 통해 증상을 늦출 수 있고 짧으면 3년, 평균 10년 정도 생존한다고 한다. 그래서 치매 진단이 가족에게는 적잖은 충격이지만 진단 이후에 치료와 더불어 자산관리 측면도 같이 고려하는 것이 좋다.

그 밖에 치매가 걸리기 전 기간을 활용하는 방법으로 종신보험을 들 수 있다. 치매는 평균 45세에서 65세에 발병하는 것으로 알려져 있으며, 치매관리 비용이 10년마다 두 배씩 증가하다 보니 치매 전문보험의 필요성이 높아지고 있다.

치매 종신보험은 치매 보장과 상속세 재원 마련을 위해 활용할 수 있는 보험상품인데 여기에 가입하는 것을 고민해 보는 것도 고려할 만하다. 상속세 재원을 마련하기 위해 받는 종신보험금이 상속재산에 포함되지 않는 경우도 있기 때문에, 이를 활용하여 상속재산에는 포함되지 않으면서 거액의 상속세를 납부할 재원을 마련하는 절세 방법이다.

보험금 상속의 핵심은 보험료 납부자와 수익자가 서로 같으면 과세가 안 된다는 것이다. 다음과 같이 남편과 부인이 서로 교차보험을 가입하면 상속세를 내지 않을 수 있다. 이때 주의할 점은 남편과 부인이 경제적으로 각각 보험금을 직접 납부할 능력이 있는지 꼭 판단해야 한다는 것이다. 보험료 납부자가 타인으로부터 자금을 수령하여 보험료를 납입했다면 이를 밝혀서 과세할 수 있기 때문이다.

부부간 교차보험 가입

구분	보험계약자 (보험료 납부자)	피보험자 (보험사고: 사망)	보험수익자 (보험금 수령인)	부과 세목
1	남편	부인	남편	과세 안 됨
2	부인	남편	부인	과세 안 됨

15

세무조사 끝났다고 안심은 금물, '고액 상속인'은 5년 더 관리된다

세무조사 종료 이후에도 국세청은 고액자산가를 대상으로 지속적인 사후관리를 실시한다. 여기서 고액자산가란 결정된 상속재산가액이 30억 원 이상인 경우로서, 상속개시일부터 5년이 되는 날까지 기간 이내에 상속인이 보유한 다음의 주요 재산 가액이 상속개시 당시에 비해 크게 증가한 경우 그 결정한 과세표준과 세액에 탈루 또는 오류가 있는지 조사한다.

· 금융재산   · 서화·골동품
· 그 밖의 유형재산   · 무체재산권(영업권·특허권·실용신안권·상표권 등)

다만, 상속인이 증가한 재산의 자금 출처를 소명하면 사후관리 대상에서 제외된다. 조사대상 재산가액이 상속개시일부터 조사 기준일까지의 경제상황 등에 비춰볼 때 정상적인 증가 규모를 현저하게 초과했다고 인정되고, 그 증가 요인이 객관적으로 명백하지 않은 경우에 한해 사후관리가 이루어진다.

이렇듯 고액자산가에 대한 사후관리가 가능한 이유는 재산 규모, 소득 수준 등을 고려하여 납세자별로 다음과 같이 재산 과세자료의 수집 및 관리와 금융재산의 일괄 조회가 가능하기 때문이다.

재산 과세자료 수집 및 관리 대상
· 부동산과다보유자로서 재산세를 일정 금액 이상 납부한 자 및 그 배우자
· 부동산임대에 대한 소득세를 일정 금액 이상 납부한 자 및 그 배우자
· 부동산임대소득을 제외한 종합소득세를 일정 금액 이상 납부한 자 및 그 배우자
· 납입 자본금 또는 자산규모가 일정 금액 이상인 법인의 최대주주 등 및 그 배우자
· 기타 상속세 또는 증여세의 부과·징수업무를 수행하기 위해 필요하다고 인정되는 자로서 고액의 배우자 상속공제를 받거나 증여에 의해 일정 금액 이상의 재산을 취득한 자, 일정 금액 이상의 재산을 상속받은 상속인, 일정 금액 이상의 재산을 처분하거나 재산이 수용된 자로서 일정 연령 이상인 자 또는 기타 상속세 또는 증여세를 포탈할 우려가 있다고 인정되는 자

그러나 가상자산의 경우 보관의 특이성이 강하다 보니 국세청에서는 신고 누락 등을 중점적으로 살피되, 다양한 형태로 가상자산을 거래했을 것으로 간주하고 숨겨둔 가상자산이 없는지 여러 가지 방

식으로 조사하려고 할 것이다.

그리고 국세청장 등은 세무서장 등이 상속세 또는 증여세를 결정하거나 경정하기 위해 조사하는 경우, 금융회사 등의 장에게 요청해 다음 중 어느 하나에 해당하는 자의 금융재산에 관한 과세자료를 일괄하여 조회할 수 있다.

· 직업·연령·재산 상태·소득신고 상황 등으로 볼 때 상속세나 증여세의 탈루 혐의가 있다고 인정되는 자
· 재산 과세자료의 수집·관리 대상인 상속인·피상속인 또는 증여자·수증자

상위 1% 자산가들이 찾는 세무사가 알려주는 모르면 끝장나는 코인투자 세금

가상자산 투자자도 알아두어야 하는 세금 기초지식

어려운 세금, 어디에 물어봐야 할까? 세금과 관련해 미리 준비하는 자산가는 본인과 관련 있는 세금 대책이 나오거나 부의 이전을 고민할 때, 본인의 자산을 관리하는 세무사와 건강검진을 받듯이 주기적으로 상담을 받는다. 하지만 자산관리 전담 세무사를 둔 자산가가 많지 않은 것이 현실이고, 더 나아가 정말로 시급한 상황에서 세무사에게 제때 정확하게 세금 상담을 받을 수 있을지도 미지수다. 그러니 국세청에서 제공하는 다양한 상담 창구를 활용해 본인의 상황에 맞는 답변을 받고 공부하는 습관을 미리 익혀두는 것이 좋다. 4부에서는 가상자산 투자자가 알아두어야 하는 기초지식을 알아본다.

01

어려운 세금,
어디에 물어봐야 할까?

세금 관련 문제가 생길 때마다 세무사와 상담하면 좋겠지만 현실적으로 그러기 어려운 사람이 대부분이다. 세금 문제는 누구나 겪을 수 있는 문제다. 따라서 만약의 상황을 대비하여 기본적인 세법 지식과 급할 때 무료로 이용할 수 있는 여러 가지 방법을 익혀두는 것이 매우 중요하다.

1 | 국세상담센터 전화번호 126

전국 어디서나 국번 없이 126번(평일 9:00~18:00)으로 전화한 후 음성안내에 따라 상담 분야(세목 번호)를 선택하면 국세청 상담관과 전화 상담이 가능하다. 항상 대기시간이 긴 편이어서 간혹 연락처를 남겨 달라는 안내음성이 나올 때도 있다. 이때 상담 가능한 연락처를 남겨두면 추후 상담을 더 편히 받을 수 있다.

2 | '국세청 홈택스' 사이트 내 인터넷 상담 코너

국세청 홈택스(hometax.go.kr)에서 핫이슈나 인터넷 상담 사례, 자주 묻는 질문 등 유사 사례를 검색하여 궁금증을 해결할 수 있다. 만일 검색 결과에 만족하지 못했을 때는 '상담/제보'탭의 '인터넷 상담하기' 게시판에 궁금한 내용을 질문하면 48시간(**토요일, 공휴일 제외**) 이내에 신속히 답변해 준다. 입력할 수 있는 분량이 정해져 있으므로 내용을 간결하고 정확하게 정리해서 올린다. 그러려면 세법의 기초적인 용어 및 적용법에 대해 공부해 두는 것이 필수적이다.

3 | 방문 상담

제주특별자치도 서귀포시 서호북로 36(**서호동 1514번지**) 방문 상담실로 방문하면 친절하게 상담받을 수 있다. 기타 지역 거주자는 가까운 세무서 납세자 보호 담당관실을 방문하여 상담받을 수 있다.

4 | '국세법령정보시스템' 인터넷 사이트

국세법령정보시스템(**taxlaw.nts.go.kr**)은 국세와 관련된 세법령, 심사·심판청구 결정문과 법원 판례, 질의회신문 등 다양한 세무 정보를 무료로 제공하여 납세자가 세법을 이해하고 해석하는 데 도움을 주는 전산시스템이다. 다만, 세법 관련 용어에 익숙하지 않은 초보자가 접하기에는 다소 어려울 수 있다.

5 | 서면질의 및 세법 해석 사전답변 제도

'서면질의'란 납세자가 국세청장에게 일반적인 세법 해석과 관련하여 문서로 질의하면 서면으로 답변을 주는 제도다. 본인 또는 위임받은 세무대리인이 신청할 수 있고 신청 기한의 제한은 따로 없다.

'세법 해석 사전답변'은 납세자가 '실명'으로 자신과 관련된 특정한 거래의 세무와 관련해 궁금한 사항에 대해 사전(**법정신고기한 전**)에 구체적인 사실관계를 명시해 질의하면 국세청장이 명확하게 답변해 주는 제도다. 전화 상담, 인터넷 상담 등과 달리 이 제도를 통한 답변의 경우 구속력이 있다. 그만큼 국세청에서도 신중하게 답변하므로 답변을 받기까지 긴 시일이 지날 수도 있다는 점을 알아두어야 한다.

세법 상담 방식

구분	전화 상담	인터넷 상담	서면질의	세법 해석 사전답변
질의·회신 방법	전화	인터넷	서면	서면
질의 기한	없음	없음	없음	법정신고
기한 전	질의 내용	단순 세법 상담	일반적 세법 해석	개별적·구체적 세법 해석
구속력	없음	없음	없음	있음

02

절세의 기초,
무조건 피해야 하는 가산세

절세의 가장 기본은 기한을 지켜 세금을 신고하고 납부하는 것이다. 기한을 지키지 않았을 때 발생하는 가산세를 허투루 봤다가는 원래 세액의 100%가 넘는 금액을 추가로 내야 할 수도 있다. '가산세'란 세법에서 규정한 의무의 성실한 이행을 확보하기 위해 세법에 따라 산출한 세액에 가산하여 징수하는 금액을 의미하며, 납부할 세액에 가산하거나 환급받을 세액에서 공제한다.

신고불성실 가산세

법정신고기한 내에 가상자산과 관련한 세금의 과세표준 신고 의무를 이행하지 않았거나(**무신고**) 과소 신고한 세액에 대해서는 세법상 부정행위 여부에 따라 10~40%의 가산세율을 적용한다. 다만, 법상의 각종 공제 적용에 착오가 있거나 평가에 따른 차이로 발생한 과소신고 부분에 대해서는 과소신고 가산세를 적용하지 않는다.

무신고와 과소신고에 따른 가산세율

사유	무신고	과소신고
일반	무신고 납부세액 × 20%	과소신고 납부세액 × 10%
부정행위	무신고 납부세액 × 40%	과소신고 납부세액 × 40%

* '부정행위'는 이중장부의 작성, 장부 거짓 기장, 거짓 증빙, 재산의 은닉·은폐 등의 행위를 통해 조세의 부과와 징수를 불가능하게 하거나 현저히 곤란하게 하는 적극적 행위 등을 말한다. 참고로 국제 거래에서 발생한 부정행위로 인한 무신고 시에는 60%의 가산세가 발생한다.

빨리 신고해서 신고불성실 가산세 감면받자

법정신고기한이 지나고 기한 후 신고를 하거나 수정신고를 하는 경우 신고불성실 가산세를 감면해 준다. 이는 조속한 자기 시정을 유도하고 납세자 부담을 경감해 주기 위해서다. 신고불성실 가산세의 감면은 수정·기한 후 신고만 이행해도 적용되며 납부 여부와는 무관하다.

무신고에 따른 기한 후 신고 시 가산세 감면

법정신고기한이 지난 후	감면율
1개월 이내	50% 감면
1개월 초과~3개월 이내	30% 감면
3개월 초과~6개월 이내	20% 감면

과소신고에 따른 수정신고 시 가산세 감면

법정신고기한이 지난 후	감면율
1개월 이내	90% 감면
1개월 초과~3개월 이내	75% 감면
3개월 초과~6개월 이내	50% 감면
6개월 초과~1년 이내	30% 감면
1년 초과~1년 6개월 이내	20% 감면
1년 6개월 초과~2년 이내	10% 감면

무신고 가산세가 과소신고 가산세보다 가산세율은 더 높고 감면율은 더 낮다. 그러므로 가상자산 투자자는 앞서 배웠던 가상자산 관련 각종 세금에 대한 신고 시 신고일을 꼭 지키는 것은 물론이고, 제때 신고하지 못하는 일이 없도록 해야 한다.

신고기한을 까맣게 잊고 있다가 신고 마지막 날 신고해야 한다는 사실이 떠올랐다면, 최대한 명확히 파악할 수 있는 부분까지만 반영하여 우선 신고한다. 그 이후에는 더 신고한 세액이 있다면 경정청구 또는 수정신고를 통해 납부세액을 돌려받고, 덜 신고한 세액이 있다면 가산세를 감면받는 전략을 통해 가산세를 최소화하는 전략이 필요하다.

납부지연 가산세와 환급불성실 가산세

신고기한 내에 신고했다고 해서 모든 세금 업무가 마무리되는 것은 아니다. 신고서상 내야 할 세액을 납부기한 내에 납부해야 완료되었다고 볼 수 있다. 만약 납부기한 내에 납부하지 않으면 당연히 가산세가 발생한다.

납부지연·환급불성실 가산세

구분	납부지연·환급불성실 가산세
납부지연 가산세	미납부세액(이자 상당 가산액 포함) × 미납부 일수 × 0.022%(연 8.03%)
환급불성실 가산세	초과 환급세액(이자 상당 가산액 포함) × 초과 환급 일수 × 0.022%(연 8.03%)

다만, 재산 평가방법의 차이로 인해 과소납부한 세액이 발생한 경우에는 신고불성실 가산세 및 납부지연 가산세를 적용하지 않으며, 이는 신고기한 내에 신고 의무를 이행한 경우에 한정하므로 무신고자에게는 가산세 면제 규정이 적용되지 않는다. 그래서 당장은 세액이 나오지 않더라도 미래에 재산평가 방법의 차이로 인한 세액이 나오면 가산세가 발생할 수 있으니, 신고서를 작성하여 신고하는 세금 자산관리법을 활용하는 납세자도 많다.

03

더 낸 세금이 있다면
경정청구로 돌려받자

경정청구는 당초 신고한 내용이 신고해야 할 과세표준 및 세액을 초과하는 경우 또는 신고해야 할 결손금액**(수입보다 지출이 많아 금전상 발생하는 손실액을 말함)** 및 환급세액에 미치지 못하는 경우에 납세의무자가 권리구제를 받을 수 있는 제도다.

세금은 한 번 내면 끝이라고 생각하고 다시 돌려받는 건 상상도 못 하는 납세자가 간혹 있는데, 잘못 신고한 경우 세법에 따라 이를 바로잡아 더 납부한 세금에 이자까지 쳐서 돌려받을 수 있다. 이는 납세자의 권익을 보호하고 이의신청, 심사청구, 심판청구 등 각종 불복청구로 인한 행정 부담을 간소화하려는 데 의의가 있다.

경정청구의 세 가지 기본 요건에 대해 알아보자.

첫째, 경정청구 가능 기한이다. 당초 신고의 법정신고기한이 지난 후 5년 이내에 관할 세무서장에게 청구할 수 있다. 단, 후발적인 사유에 해당하는 경우 5년이 지나도 그 사유가 발생한 것을 안 날로부터 3개월 이내에 경정청구가 가능하다.

둘째, 경정청구 대상자의 기준이다. 법정신고기한까지 청구 대상이 되는 세금을 신고한 자와 결정되기 전 기한 후 신고한 납세자가 대상이다.

셋째, 경정청구의 확정력이다. 경정청구는 '신고 및 납부한 세금이 과다하니 돌려달라'는 뜻이다. 그래서 법정신고기한까지 청구대상이 되는 세금을 신고한 자라도 경정청구 자체로는 확정력이 없고, 관할 세무서장으로부터 해당 경정청구의 뜻에 대해 별도로 통지를 받아야 한다. 경정청구를 받은 세무서장은 그 청구를 받은 날로부터 2개월 이내에 결정 등을 하거나 또는 할 이유가 없다는 뜻을 청구자에게 통지해야 한다.

경정청구 사유는 일반적인 사유와 후발적인 사유로 나눌 수 있다. 먼저 일반적인 사유는 다음과 같다.

· 과세표준신고서 또는 기한후과세표준신고서에 기재된 과세표준 및 세액이 세법에 따라 신고해야 할 과세표준 및 세액을 초과할 때
· 과세표준신고서 또는 기한후과세표준신고서에 기재된 결손금액 또는 환급세액이 세법에 따라 신고해야 할 결손금액 또는 환급세액에 미치지 못할 때

다음은 후발적인 사유다. 과세표준신고서를 법정신고기한까지 제출한 자 또는 국세의 과세표준 및 세액의 결정을 받은 자는 다음 중 어느 하나에 해당하는 사유가 발생했을 때, 원칙적인 경정청구 기간에도 불구하고 그 사유가 발생한 것을 안 날부터 3개월 이내에 결정·경정을 청구할 수 있다.

- 최초의 신고·결정 또는 경정에서 과세표준 및 세액의 계산 근거가 된 거래 또는 행위 등이 그에 관한 소송에 대한 판결(판결과 같은 효력을 가지는 화해나 그 밖의 행위를 포함한다)에 의해 다른 것으로 확정되었을 때
- 소득이나 그 밖의 과세 물건의 귀속을 제3자에게로 변경시키는 결정 또는 경정이 있을 때
- 조세조약에 따른 상호합의가 최초의 신고·결정 또는 경정의 내용과 다르게 이루어졌을 때
- 결정 또는 경정으로 인해 그 결정 또는 경정의 대상이 되는 과세기간 외의 과세기간에 대해 최초에 신고한 국세의 과세표준 및 세액이 세법에 따라 신고해야 할 과세표준 및 세액을 초과할 때
- 최초로 신고·결정 또는 경정을 할 때 ①과세표준 및 세액의 계산 근거가 된 거래 또는 행위 등의 효력과 관계되는 관청의 허가나 그 밖의 처분이 취소된 경우, ②과세표준 및 세액의 계산 근거가 된 거래 또는 행위 등의 효력과 관계되는 계약이 해제권의 행사에 의해 해제되거나 해당 계약의 성립 후 발생한 부득이한 사유로 해제되거나 취소된 경우, ③장부 및 증거서류의 압수나 그 밖의 부득이한 사유로 과세표준 및 세액을 계산할 수 없었으나 그 후 해당 사유가 소멸한 경우

억울한 세금부과는 조세불복으로 해결하자

경정청구가 받아들여지지 않으면 어떻게 해야 할까? 조세는 국가권력에 의해 개별적인 반대급부 없이 국민으로부터 강제로 징수한다는 점에서, 조세권을 남용하면 국민의 재산권을 침해할 가능성이 있다. 따라서 세무서의 위법하고 부당한 처분에 대해 그 권리 또는 이익을 침해받은 자를 구제해 주는 제도가 있는데 바로 조세불복제도다.

조세불복제도는 국가의 재정권에 대한 국민의 권익을 보호할 뿐만 아니라 조세행정의 권리남용을 방지하고 위법·부당한 과세처분에 대해 국민의 권리와 이익을 구제하며, 조세법 질서의 유지와 조세정의를 이루기 위해 노력하는 데 의의가 있다.

조세불복 방식은 이의신청, 심사청구, 심판청구, 행정소송이고 이중에서 심사청구로는 국세청장에게 심사를 청구하는 '심사청구'와 감사원에 심사를 청구하는 '감사원 심사청구'가 있다.

국세청장은 심판청구를 한 처분 외의 처분에 대해서는 그 처분의 전부 또는 일부를 취소 또는 변경하거나 새로운 처분을 결정하지 못하며(**불고불리의 원칙**), 심판청구를 한 처분보다 청구인에게 불리한 결정을 하지 못한다(**불이익변경금지의 원칙**). 그러므로 국가를 상대로 싸우다가 나중에 불이익을 받는 게 아닌가 하는 걱정은 하지 않아도 된다.

가상자산과 관련한 과세는 대부분 아직 정립되지 않아서 이와 관련된 경정청구와 조세불복이 꽤나 많은 편이고, 지금도 진행 중인 사건도 많다. 가상자산에 투자하며 억울하게 과세된 부분이 있다면 가상자산 전문 세무사와 논의하여 경정청구와 조세불복을 통해 돌려받도록 하자.

04

세금을 적게 신고했다면
빠른 수정신고로 가산세 감면받자

수정신고는 납세의무자가 과세표준과 세액을 신고한 후 그 신고 내용의 오류·누락 등으로 인해 과세표준과 세액의 증액이 발생하는 경우에 납세의무자로 하여금 스스로 보정하게 하는 제도다.

착오로 공제를 과대 적용하여 세액을 과소신고 하면 추후 세무서에서 개별적으로 판단하여 과소신고 한 사항에 대해 해명 요청 및 세액 추징을 할 수 있다. 그러므로 세액이 결정되기 전, 수정신고 대상자가 수정신고 절차를 통해 처음 미달하게 납부한 세액에 소정의 가산세를 합해 자발적으로 추가 납부를 할 수 있다.

자진 신고를 하지 않으면 추후 세무서의 적발로 자진 신고에 따른 가산세 감면도 불가능하여 더 큰 추징액이 발생한다. 그러니 잘못된

신고로 과소납부 했다면 빠른 수정신고를 통해 가산세를 감면받는 것이 손실을 최소화하는 방법이다.

수정신고 기본 요건

먼저 수정신고 가능 기한이다. 관할 세무서장이 당초 신고한 과세표준과 세액을 결정하여 통지하기 전으로서 국세 부과 제척기간이 끝나기 전까지 수정신고를 할 수 있다.

수정신고 대상자는 법정신고기한까지 청구대상이 되는 세목을 신고한 자뿐만 아니라 신고기한을 아예 놓쳐서 기한 후 신고한 납세자로 규정한다.

수정신고 사유로는 두 가지가 인정되는데 과세표준신고서 또는 기한후과세표준신고서에 기재된 과세표준 및 세액이 세법에 따라 신고해야 할 과세표준 및 세액에 미치지 못할 때, 과세표준신고서 또는 기한후과세표준신고서에 기재된 결손금액 및 환급세액이 세법에 따라 신고해야 할 결손금액이나 환급세액을 초과할 때다.

수정신고는 납세의무자 스스로 당초 신고에 미비한 점을 발견하여 세법에 맞게 신고 및 납부하는 제도이므로, 일정한 기간 이내에 수정신고를 이행했다면 다음과 같이 가산세를 감면해 주는 규정이 있다.

수정신고 시 가산세 감면율

법정신고기한이 지난 후	감면율
1개월 이내	90% 감면
1개월 초과~3개월 이내	75% 감면
3개월 초과~6개월 이내	50% 감면
6개월 초과~1년 이내	30% 감면
1년 초과~1년 6개월 이내	20% 감면
1년 6개월 초과~2년 이내	10% 감면

상위 1% 자산가들이 찾는 세무사가 알려주는 모르면 끝장나는 코인투자 세금

가상자산사업자에 대해서도 꼭 알아야 할까?

5부

가상자산에 투자하면서 가상자산사업자에 대해 꼭 알아야 하느냐는 의문을 가진 사람이 꽤 많다. 그러나 안일하게 생각하고 제대로 준비하지 않으면 세무조사를 당할 수도 있고 큰 손해를 겪을 수도 있다. 5부에서는 가상자산 개발업체의 세무조사 사례, 자금세탁방지의무 관련 주요 위법 사례 등을 살펴봄으로써 가상자산사업자와 관련해 반드시 알아야 할 세법을 살펴보고자 한다. 더 나아가 가상자산 발행기업과 보유기업이 가상자산을 어떤 식으로 회계처리 해야 하는지도 살펴본다.

01

가상자산사업자의 업무를
알아야 투자도 잘할 수 있다

가상자산소득 과세의 핵심은 익명성과 탈중앙화에 맞설 수 있는 과세기반 마련이다. 현재 법령은 가상자산사업자가 제출한 거래내역에 기초하여 세원을 포착하고 신고 내용의 적정성을 검증하는 구조로 설계되었다.

그러나 단일 가상자산거래소 내의 이동을 제외한 나머지 가상자산 이동의 경우 그 경로와 거래내용을 추적하거나 확인하기 어려운 것이 현실이다. 그럼에도 불구하고 가상자산 거래의 대부분이 거래소 내에서 이루어지는 현실을 헤아린다면 거래소와의 협력과 공조는 절대적이다. 거래소의 거래구조와 이를 둘러싼 과세 쟁점을 파악해야 하는 이유도 바로 여기에 있다.

「특정금융정보법」에 따라 신고가 수리된 가상자산거래소 및 자료 제출 대상 거래기간에 신고 직권이 말소되거나 유효기간이 경과한 가상자산사업자는 소득세 또는 법인세 부과에 필요한 가상자산 거래내역 등을 기재한 가상자산거래명세서 또는 가상자산거래집계표를 과세관청에 제출해야 한다. 개인은 거래가 발생한 날이 속하는 분기 또는 연도의 종료일의 다음다음 달 말일까지, 법인은 분기 또는 연도의 종료일의 다음다음 달 말일까지 가상자산 거래내역을 제출해야 한다.

이처럼 「법인세법」에서는 가상자산 거래내역 제출 기간을 분기 또는 연 단위로 정하여 분기에는 상세 거래내용을 기재한 거래명세서를, 이후에는 거래내역을 합산한 거래집계표를 제출하도록 하고 있다. 「소득세법」에서도 2027년 1월 1일 이후 발생하는 거래분부터 이를 적용할 예정이다.

가상자산거래명세서의 제출은 가상자산소득 포착을 위한 전제가 된다. 이렇듯 가상자산거래소의 역할과 위상이 중요한 만큼, 거래내역 제출의무를 성실히 이행하지 않은 거래소에 가산세 또는 과태료를 부과하는 규정도 생겨났다. 과세자료를 제출하지 않은 가상자산사업자에게 제출명령을 내릴 수 있고, 제출명령을 이행하지 않으면 최대 2,000만 원을 부과한다는 내용이다. 정부는 이를 통해 가상자산 거래의 과세기반을 정비할 계획이다. 「소득세법」에서는 2028년 1월 1일 이후 발생하는 거래분부터 적용하고, 「법인세법」에서는 2026년 1월 1일 이후 발생하는 거래분부터 적용한다.

암호화자산 자동정보교환체계 이행 근거란?

2024년에 개정된 세법 개정안 중에 눈에 띄는 가상자산 관련 개정 안이 있다. 바로 암호화자산 자동정보교환체계 이행 근거를 마련했 다는 세제 개편안이다.

암호화자산 사업자가 비거주자의 암호화자산(「가상자산이용자보호법」상 **가상자산 + 토큰형 증권**)에 대한 거래정보를 국세청에 보고하고, 국세청이 이를 관련 국가와 매년 교환하는 체계가 바로 암호화자산 자동정보 교환체계(CARF)다.

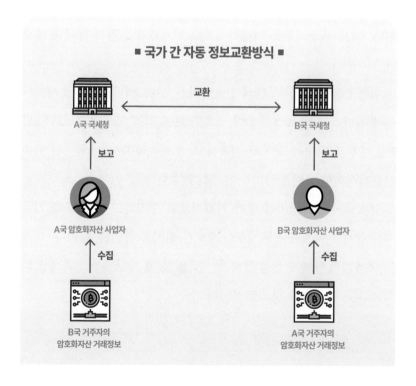

■ 국가 간 자동 정보교환방식 ■

교환

A국 국세청 — B국 국세청

보고 — 보고

A국 암호화자산 사업자 — B국 암호화자산 사업자

수집 — 수집

B국 거주자의
암호화자산 거래정보 — A국 거주자의
암호화자산 거래정보

교환대상 정보는 주로 비거주자·외국법인의 암호화자산정보로서 사용자의 이름, 주소, 거주관할권, 납세자번호 및 사용자의 암호화자산 거래내역(**암호화자산의 이름, 거래 유형, 거래의 총 지급·수취 금액, 총거래량, 거래 횟수**) 등이다.

거주자·내국법인은 이중거주자일 경우에 교환대상에 포함된다. 이중거주자는 우리나라 법에 의하면 우리나라 거주자이나 미국 법에 의하면 미국 거주자인 경우를 말한다.

이미 금융거래회사 등이 고객의 금융거래 정보를 수집하여 국세청에 보고하고 가입국 국세청끼리 해당 정보를 매년 상호교환하고 있었는데, 여기에 암호화자산 정보를 교환정보로 추가했다고 보면 된다. 정보 제공의무를 이행하지 않으면 3,000만 원 이하의 과태료가 부과된다.

이는 OECD 회원국 간에 암호화자산 정보교환을 통한 조세회피를 방지하려는 데 목적이 있다. 교환정보 요청 및 제출은 2027년 1월 1일 이후 교환하는 분부터 적용하고, 실사는 2026년 1월 1일 이후 금융거래회사 등이 실사하는 분부터 적용한다.

암호화자산 사업자를 통해 거래정보를 수집하고 이를 통해 가상자산 탈세를 막겠다는 국세청의 강력한 의지를 확인할 수 있다. 이렇듯 국세청의 통제가 점점 강해지는 것을 볼 때 가상자산이 과세를 피하는 것은 불가능할 것으로 보인다.

02

가상자산 개발업체의
최근 세무조사 사례

　2024년 7월 2일 국세청은 보도자료*에서 가상자산 은닉 등을 통해 국부를 유출한 세무조사 사례를 소개했다. 최근 국세청이 보도자료에 '가상자산'과 관련하여 다각도로 세무조사를 실시한 사례를 발표하는 빈도가 잦아졌다. 이를 토대로 가상자산에 대한 국세청의 시각을 알아보자.

◆　국세청 보도자료(2024.7.2.), "국적세탁, 가상자산 은닉, 해외 원정진료 소득 탈루 국세청 추적 피하려는 역외탈세 백태".

용역대가로 가상자산을 받으며 수익을 은닉한 코인개발업체(9명)

- 거래관계를 추적하기 어려운 해외 가상자산의 특성을 이용하여 용역대가 등을 가상자산으로 받고 수익을 은닉한 코인개발업체가 다수 확인되었습니다.

  ○ 이번 조사에는 해외 페이퍼컴퍼니를 통해 가상자산을 발행(ICO*)하고 수익을 은닉한 업체와 해외에 기술용역을 제공하고 그 대가를 가상자산으로 받으면서 매출을 누락한 업체 등이 포함되었습니다.

    *ICO(Initial Coin Offering): 블록체인 기반 코인을 발행하고 투자자에게 판매하는 자금조달 방식

  ○ 이들은 매출을 누락한 것에 그치지 않고 추후 해당 가상자산을 판매하여 얻은 차익까지 이중으로 은닉했으며, 일부 업체의 사주는 가상자산, 역외펀드로만 재산을 축적하고 부동산 등 국내 자산은 매입하지 않으면서 과세당국의 눈을 피해 왔습니다.

사례1. 해외 용역대가를 가상자산으로 받으면서 페이퍼컴퍼니 명의로 수취하고, 해당 가상자산 처분 수익은 사주가 편취

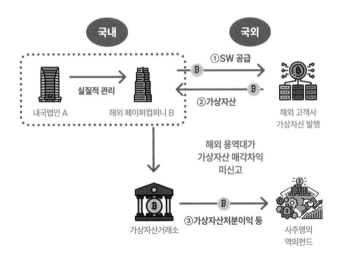

- 주요 탈루혐의
- ○ (해외 용역대가 미신고) 소프트웨어 개발업을 영위하는 내국법인 A는 해외 고 객사(가상자산 발행사 등)에 소프트웨어를 제공하고, 관련 대금을 법정통화가 아닌 비트코인 등 가상자산으로 받으면서 자신이 아닌 해외 페이퍼컴퍼니 B 명의로 수취하여 소득 미신고
- ○ (가상자산 매각차익 미신고) A는 B를 통해 해당 가상자산을 매각하여 거액의 매각차익이 발생했음에도 관련 수익을 미신고함. 또한, 가상자산 매각차익 중 일부는 가공비용 계상 등의 방법으로 사주 명의로 개설된 조세회피처 펀드 계 좌에 유출

- 향후 조사방향
- ○ 해외용역 대가 및 가상자산 매각차익 미신고액 ○○○억 원에 대해 법인세 를 과세하고, 역외펀드 유출 자금에 대해서도 사주에게 소득세를 부과

국적을 바꾸거나 법인 명의로 위장한 신분세탁 탈세자(11명)

- 미신고 해외 수익에 대한 국세청의 추적을 피하기 위해 이름·주민등록 등 흔 적을 지우고 외국인으로 국적을 세탁한 탈세자입니다.
- ○ 이들은 국적 변경으로 해외 자산 및 계좌의 소유주가 외국인 명의로 바뀌는 경 우, 국세청이 국가 간 정보교환 등을 통해 해외 자산 및 수익 현황을 파악하기 어려운 점을 교묘히 악용했습니다. 이 중 일부 혐의자는 황금비자*를 이용해 조세회피처의 국적을 취득한 후, 국내 재입국해 숨겨둔 재산으로 호화생활을 영위했습니다.
  * 일부 국가에서 현지에 일정 금액 이상을 투자하는 조건으로 시민권을 주는 제도

- 국내법인이 직접 해외 고객과 거래하는 등 사업활동의 중요한 부분을 관리함 에도, 외관상 특수관계자 및 외국법인 명의로 계약해 국내로 귀속되어야 할 소 득을 해외에 은닉한 혐의가 확인되었습니다.
- ○ 이들은 사주 자녀 소유의 현지법인 또는 전직 임원 명의의 위장계열사 등을 내 세우거나 거래 중간에 끼워 넣는 방식으로 이익을 배분했으며, 일부 업체는 페 이퍼컴퍼니 명의로 중계무역을 하며 비용만 신고하고 자기 매출은 모두 숨겨 국내에 세금을 한 푼도 내지 않았습니다.

사례2. 가상자산으로 수취한 해외 원정진료 대가를 국내 거래소에서 매각한 후 차명계좌를 통해 수백 번 쪼개어 현금 인출

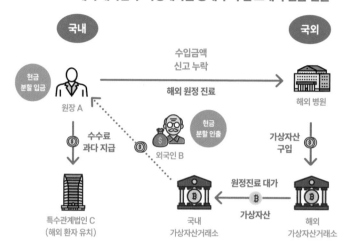

- ■ 주요 탈루혐의
- ○ (원정진료 대가 누락) 국내에서 성형외과를 영위하는 A는 동남아 소재 현지 병원에서 원정진료하며 받은 대가를 가상자산으로 수취함. A는 과세당국의 추적을 피하기 위해 원정진료 대가로 받은 가상자산을 국내 거래소에서 매각하고, 외국인 B의 차명계좌를 이용하여 ATM을 통해 수백 회 현금 인출 후 다른 ATM을 통해 본인 명의 계좌로 다시 수백 회에 걸쳐 현금 입금하는 방식으로 자금을 세탁
- ○ (유치수수료 과다 지급) 원장 A는 본인이 지배하는 특수관계법인 C로부터 외국인 환자 유치용역을 제공 받고, 적정 수수료를 초과하여 과다 지급하는 방식으로 소득세를 탈루

- ■ 향후 조사방향
- ○ 가상자산으로 수취한 원정진료 대가 ○○억 원과 수수료 과다지급분 ○○억 원에 대해 소득세를 과세

03

가상자산사업자의 자금세탁방지의무 관련 주요 위법·부당행위 사례

2023년 3월 29일 금융위원회는 보도자료 '가상자산사업자의 자금세탁방지의무 관련 주요 위반부당 행위 사례(II)'를 통해 5개 원화마켓 사업자(**두나무, 빗썸코리아, 스트리미, 코빗, 코인원**)를 대상으로 세탁방지 의무 이행에 관한 현장 검사 및 이에 따른 주요 지적사항을 공개했다.

의심거래보고 의무(STR)

사례 ❶ 불법 행위자 거래에 대한 의심거래 보고

사업자 A는 보이스피싱 불법행위로 수사기관에 신고한 고객 甲과 수사기관으로부터 다단계 불법행위 관련 영장청구를 받은 고객 乙의 가상자산 거래행위에 대한 의심거래 검토 및 보고를 태만히 함

가상자산사업자는 금융거래등과 관련하여 수수한 재산이 불법재산으로 의심되는 경우 또는 불법적인 금융거래 등을 통해 자금세탁 행위를 하는 것으로 의심되는 합당한 근거가 있는 경우, 해당 고객의 거래를 금융정보분석원장에게 보고해야 한다(「특정금융정보법」제4조).

사업자는 자신의 고객이 불법행위에 연루된 사실을 인지하면 해당 고객의 거래에 각별한 주의를 기울여야 한다. 특히 영장청구, 수사기관 신고 등 고객의 불법행위를 충분히 인지할 수 있는 객관적 사유가 발생한 경우에 의심거래 보고 여부를 판단할 때 해당 사실을 적극 고려해야 하며, 불법행위 사실을 인지하기 이전에 이루어진 기존 거래의 의심거래 판단에 대해서도 필요시 재검토해야 한다.

불법재산 등으로 의심되는 거래의 보고의무를 태만히 할 경우 3,000만 원 이하의 과태료가 부과된다(「특정금융정보법」제20조).

사례 ❷ 비정상적 거래에 대한 의심거래 보고

① 사업자 B는 고객 甲(급여 소득자)이 9개월 동안 해외 등으로부터 1,074회에 걸쳐 278억 원 규모의 가상자산을 입고받아(외부출고 거래 없음), 12,267회에 걸쳐 매도했으며(가상자산 매수 거래는 69회), 현금화한 282억 원을 712회에 걸쳐 전액 인출하는(현금입금 행위 없음) 비정상적 거래 패턴을 보였음에도 고객 甲의 의심거래 검토를 태만히 함

② 사업자 C는 20대 고객 乙(직업: 학생)이 해외 등으로부터 73회에 걸쳐 32억 원 규모의 가상자산을 입고받아(외부출고 거래 없음), 878회에 걸쳐 매도했으며(가상자산 매수 거래 없음), 현금화한 32억 원을 91회에 걸쳐 전액 인출하는(현금입금 행위 없음) 비정상적 거래 패턴을 보였음에도 고객 乙의 의심거래 행위와 자금출처·거래목적 확인(고객정보 확인)을 태만히 함

③ 사업자 D는 고객 丙이 5개월 동안(2022.3.25, 트래블룰 시행 이전) 출처가 불분명한 313개의 가상자산주소에서 32종의 가상자산을 2,243회(164억 원) 입고받은 후, 해외로 2,171회(163억 원) 출고하는 반복된 패턴을 보여 의심거래 추출기준에 의해 334회 적발되었음에도 특이사항이 없다고 판단함

가상자산사업자는 불법적인 금융거래 등을 통해 자금세탁행위를 하고 있다고 의심되는 고객의 거래를 보고해야 하며(「**특정금융정보법**」제4조), 자금세탁행위 등을 효율적으로 방지하기 위해 필요한 감시체계를 올바르게 구축·운영해야 한다(「**특정금융정보법**」제5조, 「**특정금융정보법 시행령**」제9조).

사업자는 의심거래 모니터링을 효과적으로 수행하기 위해 우선 유효한 의심거래 추출기준을 마련·적용해야 한다.

특히 고액거래, 비정상적 거래 등에 대해서는 '특별한 주의'를 기

울여 의심거래 여부를 검토해야 하며, 이를 위해 임직원이 따라야 할 세부 절차 및 업무지침을 마련해야 한다. 이 경우 금융정보분석원의 업무규정을 단순히 인용하는 수준이 아닌, 거래행위의 위험도 등을 고려하여 의심거래를 구체적으로 판단할 수 있는 수준이어야 하며 사업자는 임직원이 이를 준수하는지 감독해야 한다.

더 나아가 의심거래 대상 고객의 연령, 직업 등을 고려하여 자금출처, 거래목적 등 고객정보를 면밀히 확인해야 한다. 불법재산 등으로 의심되는 거래의 보고의무를 태만히 할 경우 3,000만 원 이하의 과태료가, 효과적인 의심거래 감시체계 구축·운영 등 자금세탁행위를 효율적으로 방지하기 위한 조치를 하지 않을 경우 1억 원 이하의 과태료가, 의심거래 고객의 자금출처나 거래목적 등에 대해 합당한 주의를 기울여 확인하지 않을 경우 1억 원 이하의 과태료가 각각 부과된다(「특정금융정보법」 제20조).

사례 ❸ 부실한 의심거래 감시체계

① 사업자 E는 고객의 의심거래가 발견된 날부터 의심거래 판단이 이루어질 때까지 평균 74일, 사업자 F는 평균 91일이 소요됨. 검토기간이 가장 길었던 건은 의심거래가 발견된 날부터 225일 소요됨

② 사업자 G는 고액거래자 2,391명에 대해 발견한 의심거래 76,970건 중 금융정보분석원장에게 1,118건만 보고했으며, 나머지 75,852건에 대해서는 단순히 '동일인에 대해 기존에 검토한 이력이 있다'는 이유로 의심거래 가능성을 검토하지 않음

가상자산사업자는 고객의 자금세탁 의심거래 행위를 지체 없이 금융정보분석원장에게 보고해야 한다(「특정금융정보법」 제4조). 고객의 자금세탁행위를 효과적으로 방지하기 위해 사업자는 의심거래가 발견된 날부터 최대한 신속하게 의심거래의 내용을 검토할 필요가 있으며, 이를 위해 업무 지침에 임직원의 의심거래 검토 기한을 정해 부당하게 장기화되지 않도록 관리하는 것이 바람직하다. 참고로 2023년 1월 미국 뉴욕 금융감독청은 가상자산사업자인 코인베이스에 대해 의심거래 보고가 발견된 날부터 시간이 1개월 이상 지나 장기화되었다는 등의 사유로 동의명령을 부과했다.

또한, 단순히 동일인에 대한 '검토 이력이 있다'는 이유만으로 검토를 소홀히 해서는 안 되며, 발견된 의심거래의 내용과 유형 등이 다를 경우 합당한 주의를 기울여 자금세탁행위 가능성을 검토해야 한다. 불법재산 등으로 의심되는 거래의 보고의무를 태만히 할 경우 3,000만 원 이하의 과태료가, 효과적인 의심거래 감시체계 구축·운영 등 자금세탁행위를 효율적으로 방지하기 위한 조치를 하지 않을 경우 1억 원 이하의 과태료가 각각 부과된다(「특정금융정보법」 제20조).

고객확인의무(KYC)

사례 ❶ 초고령자 등 차명 의심 고객

① 사업자 H의 고객 甲은 1929년생 고령자임에도 주로 늦은 밤 또는 새벽시간을 이용하여 30종 이상의 다양한 가상자산을 거래하며, 트래블룰 회피를 위

해 99만 원 이하로 거래금액을 분할하여 출고함

② 사업자 J의 고객 乙을 비롯한 31명의 고객은 73세부터 85세까지의 고령층으로, 이들 모두 동일한 해외 IP주소에서 프로그램 자동매매를 이용하여 가상자산을 활발히 거래함

가상자산사업자는 고객이 실제 소유자인지 여부가 의심되는 등 자금세탁행위 우려가 있는 경우 고객의 신원정보, 금융거래 목적, 거래자금 원천 등을 확인하는 고객 확인을 강화해야 한다(「**특정금융정보법**」**제5조의2**).

또한, 고객이 자금세탁행위 등 불법행위를 하고 있다고 의심되는 경우에는 의심거래보고를 해야 한다(「**특정금융정보법**」**제4조**). 사업자는 고객이 실제 소유자인지 여부를 모니터링하고, 차명거래 등이 의심되는 경우에는 고객 확인을 강화해야 한다.

고객의 연령, 직업, 거래패턴 등을 고려할 때 실제 소유자인지 여부가 의심되면 즉시 고객 확인을 강화하여 이행하고, 만약 고객이 정보 제공 등 고객 확인을 거부하는 경우 해당 거래를 종료해야 한다. 자금세탁행위 등을 할 우려가 있는 고객에 대해 고객 확인을 하지 않으면 1억 원 이하의 과태료가 부과된다(「**특정금융정보법**」**제20조**).

가상자산사업자는 자금세탁행위 등을 방지하기 위해 합당한 주의를 기울여 고객의 기본 정보를 확인해야 한다(「**특정금융정보법**」 제5조의2). 사업자는 고객이 입력한 주소, 연락처 등 정보가 유효하고 올바른지 주기적으로 확인해야 한다. 실제 자금세탁 문제 발생 시 범죄인 추적 등을 위해 필요하므로 고객의 필수 정보가 누락되거나 불완전하게 기재되지 않도록 확인해야 한다. 고객확인의무를 올바르게 수행하지 않을 경우 3,000만 원 이하의 과태료가 부과된다(「**특정금융정보법**」 제20조).

사업자 각자가 대표 형태인 법인의 경우 각 대표자 전원에 대한 신원정보 및 요주의 인물 여부를 확인해야 한다. 또한, 각자 대표자가 개인 고객으로 회원 가입할 경우 대표자가 속한 법인과 부당한 거래를 할 가능성이 있으므로 의심거래 가능성도 면밀히 모니터링할 필요가 있다. 법인고객에 대한 고객 확인 의무를 올바르게 수행하지 않을 경우 3,000만 원 이하의 과태료가 부과된다(「**특정금융정보법**」제20조).

가상자산사업자의 자금세탁방지 의무 이행

사례 ❶ 부적절한 고객위험평가

① 사업자 N은 고객위험평가지표에 따른 평가점수를 잘못 적용하여 고위험으로 분류해야 할 고객 137명을 저위험 고객으로 분류함

② 사업자 O에서 고위험으로 분류된 고객 1,267명이 회원 탈퇴 후 재가입 절차를 거치면서 중·저위험 고객으로 분류됨

③ 사업자 P는 고객위험평가모형을 설계하면서 고객의 직업, 연령, 거래금액, 의심거래 발생 여부 등에 대한 평가값보다 '국적'에 대한 평가값에 가장 높은 가중치를 부여하여, 자금세탁 의심거래 보고(STR) 이력이 있는 고객의 대다수(86%)를 저위험 고객으로 분류함

가상자산사업자는 고객의 특성에 따라 다양하게 발생하는 자금세탁행위 등의 위험을 식별·평가하는 절차 및 방법을 마련하여 운영해야 한다(「**특정금융정보법**」제5조, 「**특정금융정보법 시행령**」제9조, 업무규정 제30조). 사업자는 위험평가모형의 적합성을 주기적으로 살피고 문제점을 개선하기 위한 업무체계를 마련·운영해야 한다.

회원 탈퇴 후 재가입을 통해 위험관리를 우회하는 행태에 대한 감

시체계를 마련하는 등 내재된 위험을 분석·식별하여 위험도에 따른 관리수준을 차등화하도록 업무체계를 구축해야 한다. 또한, 감시체계의 효과성을 높이기 위해 독립된 감사기관을 통해 업무수행의 적절성, 효과성을 검토·평가하는 체계를 구축·운영해야 한다(**「특정금융정보법」 제5조, 업무규정 제12조**).

고객위험평가 등 자금세탁행위를 효율적으로 방지하기 위해 조치하지 않으면 1억 원 이하의 과태료를 부과하며, 독립적인 감사업무를 태만히 하면 기관 및 임직원에 대해 제재를 가한다.

사례 ➋ 트래블룰 이행의무 위반

사업자 Q는 고객의 요청으로 다른 가상자산사업자에게 100만 원 이상의 가상자산을 이전할 때, 거래지원이 종료(상장폐지)된 가상자산에 대해서는 가상자산주소 정보를 제공하지 않고 고객의 회원번호를 제공함

가상자산사업자는 100만 원 이상의 가상자산을 이전하는 경우, 이전하는 고객과 이전받는 고객의 성명 및 가상자산주소를 이전받는 가상자산사업자에게 제공해야 한다(**「특정금융정보법」 제5조의3 및 제6조, 「특정금융정보법 시행령」 제10조의10**).

사업자는 트래블룰 의무 이행 시, 송·수신인의 성명 및 가상자산주소가 누락되지 않도록 주의해야 한다. 또한, 고객의 성명이나 가상자산주소 대신 회원번호, 생년월일 등 다른 정보를 임의로 대체하여 보낼 수 없다. 이를 위반 시 기관 및 임직원에 대해 제재를 가한다(**「특**

정금융정보법」제15조).

사례 ❸ 타인 명의를 이용한 임직원의 거래행위

사업자 R의 임직원 甲은 자기의 계산으로 배우자의 계정을 이용하여 사업자 R에서 가상자산을 매매함

가상자산사업자는 사업자의 임직원이 해당 가상자산사업자를 통해 가상자산을 매매하거나 교환하는 행위를 제한하는 기준을 마련하여 시행해야 한다(「특정금융정보법」제8조, 「특정금융정보법 시행령」제10조의20). 가상자산사업자는 임직원이 자기의 계산으로 배우자, 직계존속 등 타인의 계정을 이용한 거래 행위를 하는 것에도 주의할 필요가 있다. 가상자산사업자가 법령상 조치 의무를 이행하지 않으면 1억 원 이하의 과태료가 부과된다(「특정금융정보법」제20조).

04

가상자산 발행기업과
보유기업의 가상자산 회계처리

2023년 12월 21일 금융위원회는 보도자료에서 가상자산 회계·공시 규율 가이드를 발표했다. 가상자산을 다루는 회사 담당자는 이 감독지침을 참고하여 회계처리를 해야 하고, 변동 여부를 확인해 내용을 갱신하는 것이 좋다.

「가상자산 회계처리 감독지침」 등은 가상자산을 발행하거나 보유한 기업에 대한 보다 일관되고 명확한 정보를 제공하기 위해 마련되었다. 「가상자산 회계처리 감독지침」이 마련되었다고 해서 가상자산 자체의 변동성이나 불확실성이 줄어드는 것은 아닌 만큼, 가상자산에 투자할 때는 본인의 책임하에 신중하게 판단해야 한다.

여기서 감독지침의 성격은 현재의 회계처리기준(IFRS 등)을 합리적으로 해석한 일종의 유권해석이며, 각 기준서마다 분산된 가상자산 관련 내용을 하나로 정리한 것으로 새로운 회계기준이 아니다. 감독지침을 지키지 않은 것 자체가 회계처리기준 위반은 아니며, 구체적·합리적 사정이 있는 경우 회사가 감독지침과 다르게 회계 처리할 수 있다. 다만, 합리적 근거 없이 감독지침을 지키지 않은 경우에는 회계처리기준 위반의 소지가 있다. 「가상자산 회계처리 감독지침」 및 회계기준서의 주요내용은 다음과 같다.

첫째, 가상자산 발행 기업은 백서(white paper)에 기재된 수행의무를 모두 이행한 후에만 가상자산 이전에 따른 수익을 인식할 수 있다. 발행 기업은 토큰 판매시점에 자신의 수행의무를 명확히 식별해야 하며, 판매 이후에 백서의 중요한 변경 등 특별한 이유 없이 수행의무를 변경하는 경우 관련 회계처리는 오류로 간주된다.

둘째, 발행 기업이 발행(생성) 후 타인에게 이전하지 않고 내부 보관 중인 유보(Reserved) 토큰은 자산으로 인식할 수 없다. 또한, 이를 향후 제3자에게 이전할 경우 이미 유통 중인 가상자산의 가치에 영향을 미칠 수 있으므로 유보 토큰의 수량 및 향후 활용계획 등을 주석으로 공시해야 한다.

셋째, 가상자산 보유기업은 가상자산의 취득 목적, 가상자산의 금융상품 해당 여부에 따라 가상자산을 재고자산, 무형자산 또는 금융상품 등으로 분류한다. 다만, 일반기업회계기준 적용기업은 가상자산의 특성을 나타낼 수 있는 계정과목(예: 기타자산)을 정해 재무제표에 표시해야 하는데, 일반기업회계기준은 '국제회계기준 해석위원회

(IFRS)'와 달리, 임대·사용(투자 미포함) 목적으로 한정해 무형자산을 분류할 수 있다.

넷째, 가상자산사업자(거래소)는 고객이 위탁한 가상자산에 대한 통제권이 누구에게 있는지를 고려하여 통제권이 사업자에게 있다고 판단할 경우, 해당 가상자산과 고객에 대한 채무를 자산과 부채로 각각 계상해야 하며 그렇지 않은 경우에는 주석으로 공시해야 한다. 여기에서 통제권은 경제적 자원의 통제권(가상자산의 사용을 지시하고, 가치상승 등의 효익을 얻을 수 있는 권리)으로, 당사자 간 계약이나 관계법률 및 규정뿐만 아니라, 국제적 동향 등을 감안하여 고객에 대한 사업자의 법적 재산권 보호 수준까지 종합적으로 고려하여 판단하도록 했다. 가령 해킹사고 발생 시 고객의 위탁가상자산에 대한 법적 재산권이 보장되지 않거나, 사업자가 위탁가상자산을 자유롭게 사용할 명시적·암묵적 권리를 가진 경우, 위탁가상자산을 사업자의 자산·부채로 인식해야 할지 고려해야 한다.

사업자의 고객위탁 가상자산 회계처리 관련 국제동향

① (미국) 사업자의 보호의무 및 법적 모호성에 따른 유의적 위험 고려→ 증권거래위원회(SEC)는 위탁가상자산 관련 의무를 부채(및 자산)로 인식토록 지침 발표(2022년 3월)

② (일본) 암호자산의 재산적 가치, 사업자의 법적 지위 등 규정한 자금결제법 개정(2016년) → 사업자가 자산·부채로 인식하도록 회계처리기준 제정

③ (유럽) 유럽재무보고자문위원회(EFRAG)는 암호자산 회계기준 토론서(2020년 7월) 발표 시 고객위탁 암호자산의 경제적 통제 판단지표 제시(☞ 보호방법 등 수준 포함)

마지막으로, 가상자산 발행규모, 수행의무 등 백서의 주요내용, 내부유보 및 무상배포 현황, 고객위탁 가상자산 계약체결 내용, 보관위험 등을 주석에 반드시 공시해야 한다. 이 경우 외부감사인이 감사를 통해 공시내용의 정확성을 검증하므로 정보이용자가 믿을 수 있는 정보가 제공될 것으로 기대된다.

이를 하나씩 세부적으로 살펴보면 다음과 같다. 가상자산 회계감독 지침의 목적은 기업이 개발·발행·보유하는 가상자산(**토큰 증권 포함**)의 회계처리과정의 불확실성을 해소하는 데 있다. 이를 통해 정보이용자에게 일관되고 상세한 정보를 제공한다. 이 지침의 성격은 회계기준 해석범위 내에서 구체적 지침을 마련한 것으로 새로운 회계기준은 아니다.

1 | 적용 대상

「가상자산 이용자 보호 등에 관한 법률」(**「가상자산이용자보호법」**) 제2조 제1호상의 가상자산 중 다음의 세 가지 요건을 모두 충족하는 디지털화한 가치나 권리가 적용 대상이다.

❶ 분산원장 기술 사용, ❷ 암호화(Cryptography), ❸ 대체 가능(Fungible)

분산원장기술을 활용하여 「자본시장과 금융투자업에 관한 법률」(**「자본시장법」**)상의 증권을 디지털화한 '토큰 증권'도 적용 대상에 포함된다.

■ 가상자산 적용대상 ■

「가상자산이용자보호법」상 가상자산*	감독지침 등 적용 대상
경제적 가치를 지닌 것으로 전자적으로 거래 또는 이전될 수 있는 전자적 증표(그에 관한 일체의 권리를 포함)	그중 ❶분산원장 기술 또는 이와 유사한 기술을 사용하고, ❷암호화되며, ❸대체 가능한 가치나 권리

* CBDC, NFT 등은 가상자산의 범위에서 제외

2 | 가상자산 발행기업의 회계처리

가상자산(토큰) 및 플랫폼 개발 과정에서 지출된 원가는 무형자산 기준서(K-IFRS 제1038호 등)상 무형자산의 정의 및 인식기준을 충족하지 않거나, 개발활동에 해당한다는 명확한 근거를 제시할 수 없다면 발생 시 비용으로 회계처리 한다. 다음은 무형자산의 인식 기준이다.

①기술적 실현가능성, ②완성하여 사용·판매할 의도, ③사용·판매할 능력, ④미래 경제적 효익 창출방법, ⑤사용·판매 시까지 기술적·재정적 자원 입수가능성 ⑥신뢰성 있는 측정가능성 등 여섯 가지 요건을 모두 충족하는 경우

가상자산을 고객에게 판매한 경우 수익 기준서(K-IFRS 제1115호 등)를 적용하여 발행기업이 수행해야 할 의무(백서, 판매 약정 등을 통해 확인 가능

273

하며, 백서 등에 명시되지는 않았지만 회사가 고객에게 재화·용역을 이전할 것이라고 정당하게 기대하도록 하는 경우도 포함)를 이행한 시점(또는 기간)에 관련 대가를 수익으로 인식한다. 수익 인식 전까지는 수령한 대가를 부채로 계상한다.

발행기업은 토큰 판매시점에 자신의 수행의무를 명확히 식별해야 하며, 판매 이후 백서의 중요한 변경 등 특별한 이유 없이 수행의무를 변경하는 경우 과거의 회계처리를 오류로 간주한다.

■ 수행 의무별 수익 인식 시기 예시 ■

수행의무	수익 인식 시기
토큰 이전(추가 의무 없음)	토큰 이전 시점
토큰이 사용되는 플랫폼 구현을 약속	플랫폼 활성화 시점
플랫폼에서 토큰 결제 시 재화·용역을 제공하기로 약속	재화·용역 제공 시

생성되었지만 타인에게 이전하지 않고 발행기업이 보관 중인 가상자산[유보(Reserved) 토큰]은 자산으로 인식할 수 없다. 다만, 향후 제 3자에게 이전될 경우 유통 중인 가상자산의 가치에 영향을 미칠 수 있으므로 유보 토큰의 수량 및 향후 활용계획 등을 주석으로 공시해야 한다.

금융상품 기준서(K-IFRS 제1032호)상 금융상품의 정의를 충족할 경우에는 금융부채 등으로 분류하고 이에 따라 회계처리 한다. 통상적으로 토큰 증권에 다음 중 하나의 계약상 의무가 있다면 금융부채로 분류될 가능성이 크다.

① 거래상대방에게 현금 등 금융자산을 인도하기로 한 계약상 의무
② 잠재적으로 불리한 조건으로 거래상대방과 금융자산이나 금융부채를 교환하기로 한 계약상 의무

3 │ 가상자산 보유기업의 회계처리

가상자산을 취득한 목적이 무엇인지, 가상자산이 금융상품에 해당하는지에 따라 재고자산, 무형자산 또는 금융상품 등으로 분류한

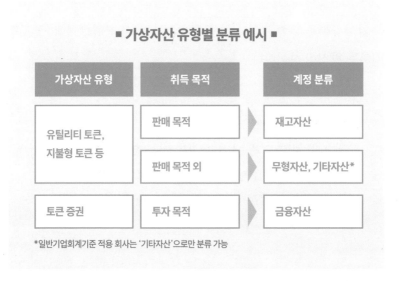

■ 가상자산 유형별 분류 예시 ■

가상자산 유형	취득 목적	계정 분류
유틸리티 토큰, 지불형 토큰 등	판매 목적	재고자산
	판매 목적 외	무형자산, 기타자산*
토큰 증권	투자 목적	금융자산

*일반기업회계기준 적용 회사는 '기타자산'으로만 분류 가능

다. 일반기업회계기준 적용 회사는 경영진이 회계정책을 개발하여 회계정보를 작성할 수 있으며, 가상자산의 특성을 나타낼 수 있는 계정과목(예: 기타자산)을 정해 재무제표에 표시할 수 있다.

가상자산을 최초로 측정하는 방식은 취득 방식이나 경로에 따라 상이하다.

가상자산 최초 측정 방법

- (유상취득) 가상자산 취득에 직접 관련된 원가를 구입가격에 가산
- (채굴 등) 가상자산 취득에 직접 관련된 원가(서버임차료, 전기요금, 전산가동비 등)
- (용역제공 등) 가상자산 공정가치(공정가치를 합리적으로 측정할 수 없는 경우 제공한 용역 등의 개별 판매가격)
- (에어드롭) 수령 당시 ①플랫폼 내에서 재화·용역을 자유롭게 사용 가능하고, ②합리적으로 측정할 수 있는 경우 가상자산 공정가치[①,② 중 하나라도 충족하지 않을 경우 영(0)으로 인식]

가상자산을 후속 측정할 경우, 취득한 토큰의 분류방식에 따라 측정하는 방식이 상이하다.

가상자산 후속 측정 방법

- (재고자산) '취득원가'와 '순실현 가능가치' 중 낮은 금액
- (무형자산) '원가모형'과 '재평가모형'* 중 선택 가능(같은 유형은 일관되게 적용)
  *K-IFRS 적용기업만 가능, 평가이익은 기타포괄손익, 평가손실은 당기손실 처리

- (기타자산) 활성시장이 존재하는 경우 공정가치(당기손익 반영)로, 그 외 원가로 측정
- (금융자산) 금융상품 기준서에 따라 '상각 후 원가', '기타포괄손익-공정가치', '당기손익-공정가치' 중 하나로 분류·측정

4 │ 가상자산사업자(거래소)의 회계처리(고객위탁 가상자산)

고객의 위탁가상자산에 대한 경제적 자원의 통제권이 거래소에 있다고 판단할 경우, 고객의 위탁가상자산을 거래소의 자산·부채로 인식한다. 여기서 경제적 자원의 통제(Control of an economic resource)란 경제적 자원의 사용을 지시하고, 그로부터 유입되는 경제적 효익을 얻을 수 있는 현재의 능력을 말한다.

경제적 자원의 통제는 통상 법적 권리를 행사할 수 있는 능력에서 비롯되며, 다음의 여러 지표를 종합적으로 고려하여 누가 통제하는지를 판단해야 한다(하나의 지표가 결정적인 것은 아님).

①사업자와 고객 간 사적 계약, ②「가상자산이용자보호법」, 「특정금융정보법」 등 사업자를 감독하는 법률 및 규정, ③고객 위탁 토큰에 대한 사업자의 관리·보관 수준

고객이 매매를 위해 가상자산을 예탁하는 경우뿐만 아니라 스테이킹 등 부가 서비스 이용을 위해 예치하는 경우에도 통제권 유무를 판단한다.

5 | 공정가치 측정에 대한 고려사항

무형자산의 재평가모형은 ①해당 가상자산에 대한 활성시장이 존재하는 경우에 한해 ②활성시장의 가격을 기초로 공정가치로 측정한다. Level 1만 적용 가능하며, Level 1은 측정일에 동일한 자산이나 부채에 접근할 수 있는 활성시장의 공시가격을 말한다.

활성시장에 대한 판단 시 거래소 상장 사실만으로 요건을 충족하는 것은 아니며 양적·질적 요건을 종합적으로 검토할 필요가 있다. 지속적으로 가격결정 정보를 제공하기에 충분할 정도의 빈도와 규모로 거래되는 시장(**해외시장 포함, 거래빈도·규모 등 양적 요소 외에 데이터신뢰도, 법화교환가능 등 질적 요건도 필요**)이어야 한다.

공정가치 측정일 현재 ①접근 가능한 ②주된 시장 또는 가장 유리한 시장에서 자산을 매도하는 ③시장참여자 사이의 ④정상거래로 자산이 교환되는 것을 가정하여 측정한다.

다양한 거래소의 가상자산 관련 정보를 통합해서 보여주는 사이트의 가격이 회사가 접근 가능한 주된 시장(**또는 가장 유리한 시장**)과 괴리되지 않을 경우에 적용 가능하다.

그 외 무형자산의 순공정가치 또는 기타자산의 공정가치를 측정할 때는 활성시장의 가격 이외에 관측되는 가격을 적용할 수 있다. 비슷한 가상자산의 활성시장 공시가격 또는 동일하거나 비슷한 가상자산의 비활성시장 공시가격(**탈중앙거래소에서 형성되는 접근 가능한 공신력 있는 가격 등**)을 Level 2로 폭넓게 인정한다.

자산종류별 가상자산 공정가치 측정 방법

분류	측정	수준
무형자산	재평가모형 적용(공정가치 측정)	Level 1
	원가모형 적용 시 손상 회수가능액 산정(순공정가치 측정)	Level 1~3
기타자산	공정가치 적용	Level 1~2
금융자산(토큰증권)	당기손익 또는 기타포괄손익 – 공정가치 측정	Level 1~3

6 | 시행시기 및 경과조치

2024년 1월 1일 이후 최초로 개시되는 회계연도부터 의무적으로 적용하되, 가상자산 관련 정보를 정보이용자에게 보다 투명하고 상세하게 제공할 수 있도록 조기에 적용할 것을 적극 권장한다. 다만, 거래소의 고객위탁 가상자산 회계처리는 2024년 7월 19일(「가상자산이용자보호법」 시행일) 이후를 재무보고일로 하는 재무제표부터 적용한다.

시행일 현재 가상자산을 발행했거나 보유한 기업은 회계정책(기준서 제1008호) 변경 시 요구하는 방식으로 소급적용하거나, 간편 소급법(최초 적용 누적효과를 최초 적용일에 인식)을 적용할 수 있다.

참고로 필자에게 현금 대신 가상자산을 받아 매출을 올릴 수 있는지 문의하는 사업자가 꽤 많다. 시가평가를 명확히 하여 회계처리 하고, 세금을 제대로 신고 및 납부한다면 크게 문제가 될 것은 없다. 개인사업자는 거의 제재 없이 가상자산을 받아 매출을 올릴 수 있지만, 법인사업자는 추후 법인사업자 가상계좌에 대한 제재가 풀릴 때까지 기다려야 한다.

상위 1% 자산가들이 찾는 세무사가 알려주는 모르면 끝장나는 코인투자 세금

해외 가상자산 세금을 통한 미래 가상자산소득세 예측

부록 1

미국

미국은 가상자산을 세법상 측면에서 자산으로 취급하기로 명확하게 규정하고, 가상자산소득에 자본이득의 과세방식을 적용한다.

가상자산 보유 기간이 1년 미만인 경우 관련 소득은 단기 자본이득에 해당하며 통상소득으로 분류되어, 가상자산과 주식 등에서 발생하는 모든 자본이득을 합산해 10~37%의 세율로 종합 과세된다.

개인 기준으로는 수익이 약 1,500만 원(1만 1,600달러) 이하인 경우 10%의 세율이 적용된다. 세율은 일정구간별(12%, 22%, 24%, 32%, 35%, 37%)로 상승한다. 따라서 수익이 약 7억 9,000만 원(60만 9,361달러)을 넘어서면 최고 세율인 37%가 적용된다.

가상자산 보유 기간이 1년 이상인 경우에는 관련 소득을 장기자본소득으로 분류하고 0%, 15%, 20%의 세율로 분류과세한다. 따라서 수익금이 약 6,100만 원(4만 7,025달러) 이하라면 세금은 0원이다. 상당수의 조막손 개인투자자들은 세금을 피해 갈 수 있는 수준이다.

영국

영국 국세청(HMRC)은 가상자산을 암호자산으로 지칭하면서 이전될 수 있고, 저장될 수 있으며, 전자적으로 거래될 수 있는 가치 또는 계약상 권리의 암호화된 디지털 표현으로 규정하고 있다. 또한, 가상자산의 주요한 유형으로 교환 토큰, 유틸리티 토큰, 증권형 토큰, 스테이블코인을 제시했다.

영국 국세청은 기본적으로 가상자산소득을 자본이득으로 보아 양도소득으로 과세하고 분류과세 방식을 따른다. 가상화폐 거래소득이 1만 2,300파운드를 초과하는 경우 1만 2,300파운드의 공제를 적용하고 난 후 10% 또는 20% 세율을 적용한다. 구체적으로는 가상화폐 거래소득이 1만 2,300파운드에서 5만 파운드 사이라면 이득에 대해 10%의 세율을, 가상화폐 거래소득이 5만 파운드 이상이라면 이득에 대해 20% 세율을 적용하여 과세한다.

독일

독일에서 가상자산에 대해 규정한 법은 「은행법」이다. 이 법에서는 금융상품의 예를 열거한 제1조 제11항을 개정하여 같은 항 제10호에 '암호자산'을 규정했다.

독일에서 이처럼 「은행법」상에 암호자산을 규정한 이유는 소비자 보호 및 암호자산을 이용한 자금세탁의 통제와 규제에 초점을 맞추었기 때문이다. 그리고 세법적 측면에서 독일 과세당국은 가상자산의 자산성을 인정하여, 가상자산을 「소득세법」 제22조 및 제23조에 따른 과세대상으로 본다.

독일의 「소득세법」에서는 가상자산을 사고판 기간이 1년 이내인 경우, 가상자산 판매로 얻은 수익을 기타소득의 하나인 사적판매소득으로 본다. 가상자산 양도로 얻은 이익은 가상자산의 양도가액에서 취득가액과 필요경비를 제한 금액이다. 다행히 1년 이상 보유한 경우에는 과세대상에 해당하지 않는다.

독일의 기타소득은 우리나라처럼 독립된 소득 유형을 의미하는 것은 아니다. 대신 과세대상이 되면 소득 구분과 관계없이 최고 42%의 누진세율이 적용된다는 점에서 우리나라의 종합소득 개념과 유사한 특징을 가진다.

다만, 지난 여러 해 기준으로 사적 판매거래에서 발생한 이익의 총합이 600유로를 넘지 않으면 과세되지 않는다. 또한, 보유 기간을 10년으로 연장하는 규정도 더 이상 가상자산에 적용되지 않는다.

일본

일본에서는 가상자산을 합법적인 결제 수단으로 인정하고 가상화폐 거래 및 투자 등도 과세 적용대상에 포함한다. 즉, 가상화폐 거래·투자로 인한 이익은 잡소득으로 간주하여 소득세율을 적용한다.

이와 관련해서 2023년부터는 가상자산 보유자가 일정한 조건에 따라 자산 양도를 통해 이익을 얻으면, 이를 양도소득으로 간주하여 최대 50만 엔(약 490만 원)까지 공제 혜택을 받을 수 있게 했다.

하지만 영리목적을 위한 지속적인 암호화폐 거래는 종합과세대상으로 간주하여 최대 55%(지방세 포함)의 세금을 부과한다. 아울러 가상자산을 사는 것만으로도 이익이 발생한다고 판단되면 과세하며, 팔 때도 이익이 발생하면 마찬가지로 과세한다.

일본은 2023년 가상자산 과세제도를 대대적으로 개정하여 「소득세법」상 채굴, 스테이킹, 하드포크, 에어드롭 등을 통해 취득한 가상자산에 대해 각각 합당한 과세 범위를 규정했다.

우선 채굴 및 하드포크에 대해 과세할 때는 사업성 여부 및 소득범주에 따라 다른 기준을 적용한다. 즉, 채굴의 경우 사업소득으로 간주하되 사업성이 없으면 잡소득에 해당하며, 하드포크를 통해 새롭게 취득한 가상자산은 시장 가격이 있다면 과세되지만 시장 가격이 없는 경우에는 과세대상에 해당하지 않는다. 스테이킹의 경우, 사업과 관련되지 않은 개인 소득은 잡소득으로 규정한다. 에어드롭 역시 하드포크로 발생한 새로운 가상자산과 마찬가지로 시장가치에 따라 과세 여부를 결정한다. 시장가치에 의해 소비자에게 실제로 수익이 발생했느냐 여부를 공통 판단 기준으로 삼고 있음을 알 수 있다.

한편, NFT 판매는 과세대상으로 분류하여 연말 소득 금액을 일괄 산출하여 과세한다. 하지만 게임 외부 자산과 교환하지 못하는 등 게임 내부에서만 사용하면 과세대상에 포함되지 않는다. 이 역시 시장가치에 따른 소비자의 실제 수익 발생 여부를 중요한 판단 기준으로 삼는 데 따른 것으로 볼 수 있다.

일본은 주식 등 금융상품의 양도로 취득한 소득에 대해서는 15%의 세율을 적용하는 반면, 가상자산소득에 대해서는 5~45%의 세율을 기준으로 종합 과세한다. 따라서 일부 가상자산소득에 일반 금융소득보다 높은 세율을 적용하여 과세하는 결과를 초래할 수 있다. 실제로 여기에 지자체 정부가 지역민에게 부과하는 지방세 10%까지 추가되면 최대 55%의 세금이 부과될 수 있어서 현재 가상자산 관련 업계의 반발이 큰 상황이며, 이로 인한 세금 신고 누락도 사회문제가 되고 있다. 2019년 3월 기준으로 과세 당국에 미신고된 가상자산 수익이 총 10억 엔(1,084억 원)에 달한다는 보도도 확인되었다.

일본은 가상자산 양도로 인해 발생한 소득을 잡소득으로 분류하기 때문에 가상자산 손익을 자본이득과 통산할 수 없고, 가상자산 결손금의 이월공제 역시 허용하지 않는다. 이런 점에서도 가상자산소득에 대해 금융투자 및 양도소득 대비 높은 세율로 과세하는 결과가 나타날 수 있으며, 이로 인해 관련 업계나 이해관계자들의 비판대상이 되기도 한다. 이와 관련해 일본 과세당국은 가상자산소득이 양도소득에 해당하는지 검토하고 있다. 운영 과정에서 일부 문제점은 있지만, 일본 과세 당국도 가상자산과 다른 실물자산이나 금융자산 간의 세금 형평성을 유지하고, 합리적이고 목적에 맞는 과세방안을 마련하기 위해 지속적으로 모니터링하고 있음을 알 수 있다.

싱가포르

싱가포르의 가상자산소득 과세제도는 소득세, 그리고 부가가치세에 해당하는 상품 및 서비스세(GST)를 중심으로 한다. 싱가포르는 원래 자본이득에 대해 과세하지 않으므로 가상자산 과세와 관련해서도 자본이득 과세는 논의의 대상이 아니다.

싱가포르의 가상자산소득 과세제도의 특징적인 부분은 두 가지다. 첫 번째는 가상자산을 그 성격과 용도에 따라 구분하여 과세한다는 것이고, 두 번째는 '가상자산 공개'에 관한 과세지침이 존재한다는 것인데 이는 싱가포르가 정부 차원에서 가상자산 공개 제도를 허용하기 때문이다. 상품 및 서비스세의 경우 기존에는 과세한다는 입장이었으나 2020년 1월 1일 이후 전 세계적 동향을 따라 과세하지 않기로 입장을 바꾸었다.

각국 입법례의 시사점

각국의 입법례로부터 가상자산소득의 세무 과세와 관련한 공통점과 차이점을 발견할 수 있다. 공통점은 첫째, 가상자산의 정의를 통해 과세대상이 되는 가상자산의 범위를 명확히 제시하고자 한다는 점이다. 미국의 경우 '전환 가능한 자산'이라는 특유의 용어를 사용하기도 한다. 둘째, 과세상 측면에서 가상자산을 자산으로 인정하고, 가상자산소득을 대부분 자본소득으로 간주하여 과세한다는 점이다. 셋째, 부가가치세의 경우 미국과 싱가포르는 별도의 부가세 제도를 운용하지 않아 부가세 과세가 논의 대상이 아니며, 다른 나라도 유럽 사법재판소 판정 및 정책적 고려에 따라 부가세를 과세하지 않는다는 점이다. 이 외에 가상자산의 취득, 양도, 대여 등과 관련한 개별적인 상황에 대해서는 구체적인 지침을 마련하여 납세자들에게 제공하고 있다.

주목할 만한 차이는 일본의 사례에서 찾아볼 수 있다. 일본은 가상자산을 자산으로 보아 자본소득으로 과세하는 여타의 나라들과 달리 가상자산을 잡소득, 즉 기타소득으로 간주하여 과세한다. 이러한 차이점이 생기는 원인은 일본이 다른 나라들에 비해 가상자산을 지불수단으로 비교적 활발하게 활용하고 있는 현실에 기반한 것으로 보이며, 이처럼 가상자산의 지불수단성을 우선적으로 고려하는 것은 일본만의 정책적인 선택이다.

가상자산 과세에 대한 주요국의 입장은 앞서 언급한 국제회계기준 해석위원회(IFRS)의 의견과 맥락을 같이하는 것으로 보인다. IFRS는 가상자산을 통상적인 영업과정에서 판매목적으로 보유한다면 재고자산으로 분류하고, 그렇지 않다면 무형자산으로 분류해야 한다고 했는데, 이는 가상자산의 자산 가치를 인정하는 것이다. 결국 IFRS는 물론 가상자산에 대한 주요국의 시각 역시 가상자산을 '자산'으로 보는 방향으로 수렴함을 알 수 있어, 가상자산의 자산 가치를 인정하는 입장에 나름 타당성과 설득력이 있다고 짐작할 수 있다.

이 밖에도 가상자산과 관련된 거래 형태가 매우 다양해지고 이전에 없던 새로운 거래 유형도 나타나고 있다. 따라서 상황에 맞는 적절한 세금 처리를 위해 사례별 검토와 명확한 지침 마련이 필요하다.

가상자산 용어 정리

상위 1% 자산가들이 찾는 세무사가 알려주는 모르면 끝장나는 코인투자 세금

부록 2

가상자산의 특징: 투명성, 불변성, 익명성

블록체인 네트워크는 중앙기관 없이 각 참여자끼리 개인과 개인 (P2P)으로 연결되고, 참여자는 분산원장에서 네트워크의 거래를 알 수 있다. 이러한 특징을 '투명성'이라고 부른다.

다음으로 블록체인 네트워크에서는 중앙기관의 개입 없이 정보가 저장·동기화·검증되므로, 이미 일어난 거래를 삭제·위조·변조하기가 어렵다. 이를 가상자산의 '불변성'이라고 부른다.

가상자산의 물리적 보관은 불가능하므로 거래·전송을 위한 소프트웨어가 필요하다. 이를 '지갑'이라고 부른다. 지갑은 블록체인 네트워크에서 본인 소유 자산을 인증·거래할 수 있는 공개 주소 및 공개 주소에 접근하기 위한 개인 키를 관리하는 소프트웨어다. 블록체인 네트워크 참여자는 지갑에서 거래를 만들어 다른 참여자에게 보내거나 받을 수 있고, 이러한 가상자산 거래는 블록체인 네트워크의 분산원장에 기록된다.

그런데 블록체인 네트워크에는 중앙기관이 없으므로, 지갑의 소유자를 제3자에게 공식적으로 확인해 줄 주체가 없다. 즉, 블록체인 네트워크 참여자는 거래를 조회할 수 있으나 각 거래의 당사자를 확인하기는 어렵다. 그리하여 가상자산은 '익명성'을 지닌다.

블록체인 네트워크와 분산원장기술

가상자산의 기술적 밑바탕은 블록체인 네트워크 및 분산원장기술이다. '블록체인 네트워크'란 중앙기관의 개입 없이 개인과 개인(P2P) 네트워크에서 정보가 저장·동기화·검증되는 분산화 데이터베이스를 뜻한다.

'분산원장기술'은 중앙기관의 통제 없이 P2P 네트워크 참여자의 각 단말기가 데이터베이스를 기록·공유·동기화하는 기술을 말한다. 대표적인 가상자산인 비트코인과 이더리움의 개발 목표는 중앙기관이 없는 금융시스템을 만드는 것이었다.

트레블룰

자금세탁을 방지하기 위해 기존 금융권에 구축된 '자금 이동 추적 시스템'과 유사하며, 은행들이 해외 송금 시에 국제은행간통신협회(SWIFT)가 요구하는 형식에 따라 송금자의 정보 등을 기록하는 방식을 가상자산 입출금 프로세스에도 도입한 방식을 말한다. 「특정금융정보법」에 따라 암호화폐 거래소 등의 가상자산사업자가 다른 사업자에게 암호화폐를 100만 원 이상 송금하는 경우 송·수신인의 정보를 제공하는 제도다.

콜드월렛

인터넷에 연결되지 않거나 스마트 계약과 상호작용 하지 않는 암호화폐 지갑을 말한다. 인터넷에 연결되지 않기 때문에 악성 코드나 스파이웨어 같은 온라인 위협으로부터 안전하다. 또한 계정을 스마트 계약으로부터 차단하면 악의적인 승인으로부터 보호할 수 있다. 여기서 스마트 계약이란 블록체인 네트워크에서 자동으로 실행되는 프로그램으로, 특정 조건이 충족되면 사전에 정해진 거래나 작업을 자동으로 처리하는 계약을 의미한다. 스마트 계약은 사람이 개입하지 않아도 실행되므로 편리하지만 보안에 취약한 부분이 있을 경우 악의적인 접근에 노출될 위험이 있다.

콜드월렛은 보안 기능이 있어서 가치가 높은 암호화폐 자산을 장기적으로 보호하는 데 적합하다. 즉, 키를 오프라인에서 관리해 온체인의 위협으로부터 사용자를 보호한다.

코인과 토큰

실무에서는 코인 및 토큰이라는 용어가 자주 쓰인다. 원래 코인은 비트코인이나 이더리움처럼 독자적인 거래 시스템이 있는 가상자산을, 토큰은 독자적인 거래 시스템이 없어서 다른 코인의 거래 시스템을 이용하는 가상자산을 뜻했다고 한다. 그러나 요즘에는 두 용어의 의미를 정확히 따지지 않는 것 같다. 예컨대 가상자산의 최초 발행을 'Initial Coin Offering' 또는 'Initial Token Offering'이라고 부르기도 하고, 가치를 다른 자산에 연동시킨 가상자산을 'stablecoin' 또는 'stable token'이라고 부른다. 다만 '토큰'이 주류의 용어로 자리 잡은 것으로 보이는데, 증권형 토큰 및 대체불가능토큰이 대표적인 사례다.

스테이블코인 또는 스테이블 토큰

가상자산은 개인 또는 민간단체가 발행하여 일정한 가치를 가지지 않으므로 법정통화와 달리 가격변동 폭이 크다. 스테이블코인 또는 스테이블 토큰은 이러한 가격 등락 가능성을 줄이고 가치를 안정시키기 위해 각종 자산을 담보로 제공하거나 예치해야 발행되는 가상자산이다. 이때 담보 제공 또는 예치 대상인 자산으로는 법정화폐, 가상자산, 실물 자산 등이 있다. 요컨대 스테이블코인은 특정 자산의 가치에 따라 투자하는 인덱스 펀드와 비슷하다.

증권형 토큰 또는 토큰 증권

가상자산 중에는 주식 또는 채권 등에서 그 가치가 비롯된 것이 있다. 스위스 금융시장감독청(FINMA)은 2018년 2월 이러한 가상자산을 '자산 토큰'이라고 부르면서 증권 관련 법령의 적용 가능성을 밝혔다. 영국 금융감독청(FCA)은 같은 유형의 가상자산을 '증권형 토큰'으로 분류하고 규제대상에 추가했다. EU는 2023년 5월 「Proposal for a Regulation of the European Parliament and of the Council on Markets in Crypto-Assets Regulation, and amending Directive」(이하, MiCA)를 발효했다. MiCA는 주식·채권 등과 비슷한 증권형 토큰을 암호자산에서 제외하고 EU 금융상품 시장지침 적용 대상에 넣었다.

우리나라 금융위원회는 2023년 2월 6일 자산 토큰 또는 증권형 토큰을 '토큰 증권'이라고 부르면서, 토큰 증권의 발행 및 유통 규율 체계 정비방안을 발표했다. 이에 따르면, 토큰 증권은 '분산원장기술을 이용하여 「자본시장법」상의 증권을 디지털화한 것'이다. 금융위원회는 「자본시장법」 체계 안에서 토큰 증권 발행(Security Token Offering)을 허용할 예정이며, 2023년 2월 10일 국내 유통 가상자산의 증권성을 판단하기 위한 조직을 만들었다.

대체불가능토큰(NFT: Non-Fungible Token)

토큰은 대체 가능 여부에 따라 두 가지 유형으로 나뉜다. 대체가능토큰은 각 단위끼리 교환·대체할 수 있다. 이와 달리 대체불가능토큰(이하, NFT)은 각 단위마다 고유의 값을 가지고 있어서 위조·변조하거나 각 단위끼리 교환·대체할 수 없다. NFT는 당초 디지털 창작물을 수집하기 위한 도구로 만들어졌으나, 게임·투자·결제 수단으로도 쓰인다.

NFT가 가상자산인지 여부는 분명하지 않다. 국제자금세탁방지기구(FATF)에 따르면 NFT가 수집품 또는 금융상품으로 쓰이면 가상자산이 아니지만, 투자·지급 목적으로 쓰이면 가상자산에 해당할 수도 있다. FATF는 각국이 NFT의 가상자산 여부를 개별 사례마다 적절히 판단하라고 제안했다.

한국금융연구원의 연구용역 보고서 「대체불가능토큰(NFT)의 특성 및 규제방안(2021.12.)」에서는 NFT 유형별 가상자산 여부에 관해 다음과 같이 분석했다. 게임아이템이 거래수단으로 쓰일 경우 가상자산에 해당할 가능성이 높다. NFT 아트는 일반적으로 가상자산에 해당하지 않으나, 시장에서 거래 또는 광고되는 것이 NFT 자체라면 가상자산에 해당할 수 있다. 증권형 NFT를 가상자산의 정의에서 제외하는 방식으로 입법적인 보완이 이루어져야 한다. 결제수단형 NFT는 가상자산이나, 실물형 NFT는 수집품이므로 가상자산에 해당한다고 보기 어렵다.

금융위원회는 2021년 11월 23일 "NFT는 일반적으로 가상자산이 아니나, 결제·투자 수단으로 쓰일 경우 가상자산일 수 있다"라는 내용으로 보도자료를 발표했고, 2022년 4월 29일에는 "저작권 또는 미술품 등에 대한 조각투자 증권에 「자본시장법」을 적용할 수 있다"라는 입장을 밝혔다. 금융위원회는 NFT가 가상자산에 해당할 가능성을 인정하되, NFT 형태의 조각투자 증권을 토큰 증권으로 간주하여 「자본시장법」을 적용하려는 듯싶다.

중앙은행 디지털화폐(CBDC: Central Bank Digital Currency)

CBDC는 현금과 동일한 효력을 가지는 법정화폐인 동시에 디지털 지급수단의 기능도 가지고 있다. 한국은행은 현재까지 CBDC 도입 여부를 결정하지 않았지만 향후 CBDC가 필요한 경우에 대비하여 철저히 준비하고 있다.

가상자산의 거래 형태

1 | 채굴과 스테이킹

채굴은 블록체인 네트워크의 참여자가 네트워크 거래의 검증자 역할을 수행하는 대가로 블록체인 네트워크로부터 가상자산을 받는 것이다. 채굴의 초기 형태는 작업증명(PoW) 방식이다. 이 방식에서 각 참여자는 블록체인 네트워크의 연산작업에 참여한 것을 증명함으로써 가상자산을 얻는다. 비트코인과 이더리움 1.0이 PoW 방식을 따랐다.

채굴의 또 다른 방식은 지분증명(PoS) 방식이다. 이 방식에서 참여자는 이미 소유한 가상자산을 블록체인 네트워크의 검증 작업에 제공하여 가상자산을 받는다. 이더리움 2.0은 2022년 9월부터 PoS 방식을 따르고 있다. 이렇게 가상자산을 제공하는 것을 스테이킹이라고 부른다.

가상자산 소유자는 블록체인 네트워크에서 직접 스테이킹 하기 어려우므로, 대개 가상자산거래소의 스테이킹 서비스를 이용한다. 국내 주요 가상자산사업자는 2023년 5월 기준으로 각각 3~10개의 가상자산에 대해 가상자산 소유자와 블록체인 네트워크를 중개하는 스테이킹 서비스를 제공하는 것으로 알려져 있다.

2 | Initial Coin Offering(ICO)

Initial Coin Offering(**ICO**)은 가상자산 발행인이 가상자산 발행 전에 불특정 다수로부터 투자를 받아 가상자산을 미리 판매하는 거래다. 가상자산 발행인은 ICO로 자금을 조달할 수 있으므로, ICO는 「자본시장법」상 주식상장과 비슷하다. 가상자산 발행인은 투자에 대한 대가로 가상자산을 판매하기 때문에 ICO를 '토큰 세일'이라고도 부른다. 실무에서는 투자자들이 비트코인이나 이더리움처럼 점유율이 높은 가상자산을 발행인에게 지급하고, 그 대가로 발행인으로부터 새로운 가상자산을 받는 방식이 일반적이다.

3 | 가상자산거래소

블록체인 네트워크의 각 참여자는 네트워크에서 가상자산에 관한 P2P 거래를 할 수 있다. 구체적으로 말하면 매도자가 네트워크의 지갑에 접속하여 매수자를 찾은 다음, 매수자의 지갑 정보를 입력하는 방식으로 가상자산을 거래한다. 그러나 P2P 거래에서는 거래 상대방을 찾기 어려울 뿐 아니라, 블록체인 네트워크의 분산 원장에 해당 거래를 기록하는 데 많은 시간이 걸린다.

가상자산거래소는 이러한 불편을 해결하고 가상자산의 매매 또는 교환을 촉진하기 위해 만들어진 플랫폼이다. 사용자들은 블록체인 네트워크에 직접 접속하지 않고 거래소에 접속해 가상자산을 거래할 수 있다. 가상자산거래소에서는 거래소 내 각 사용자 계좌 사이의 가상자산 이체를 처리한다.

4 | 하드포크 및 에어드롭

하드포크는 하나의 블록체인 네트워크와 분산원장이 둘로 나뉘는 것이다. 하드포크가 일어나면, 종전 네트워크 및 분산원장의 가상자산을 보유한 자는 새로운 네트워크 및 분산원장의 가상자산을 받는다. 대표적인 사례는 2013년 및 2017년에 있었던 비트코인의 하드포크와 2016년에 있었던 이더리움의 하드포크다.

에어드롭은 가상자산 발행인이 이미 가상자산을 보유한 사람에게 무상으로 가상자산을 주는 것이다. 대개 가상자산 발행인이 가상자산의 지명도를 높이거나 거래량을 늘리기 위해 에어드롭을 한다.

5 | 탈중앙화금융(DeFi)

블록체인과 분산원장 기술은 참여자들이 중앙기관의 개입과 통제 없이 직접 거래하기 위해 만들어진 기술로, 대표적인 것이 바로 스마트 계약이다. 앞서도 설명했지만, 스마트 계약이란 참여자가 특정 조건을 블록체인 네트워크에 입력하고 다른 참여자가 그 조건을 충족시킬 경우, 두 참여자 사이에 자동으로 거래가 이루어지면서 거래

결과가 블록체인 네트워크에 저장되는 블록체인 네트워크의 기능을 말한다.

이처럼 중앙기관이 없이 블록체인 네트워크에서 이루어지는 거래를 'DeFi'라고 부른다. 우리나라에서는 '탈중앙화금융' 또는 '분산금융'이라는 용어를 사용한다. 탈중앙화금융은 블록체인과 스마트 계약에 터를 잡은 플랫폼에서 이루어지는 교환, 대출, 파생상품 등 각종 거래를 아우르는 개념이다.

DeFi의 대표적인 사례는 탈중앙화거래소다. 가상자산거래소는 중앙기관의 존재 여부에 따라 ①중앙화거래소(CEX)와 ②탈중앙화거래소(DEX)로 나뉜다.

CEX는 가상자산 거래를 중개·관리하는 서버(중앙기관)를 두고, 고객은 서버에 접속하여 가상자산을 매매·교환한다. CEX의 운영자는 「특정금융정보법」 또는 「가상자산이용자보호법」의 각종 의무를 지므로 가상자산 거래의 익명성이 사라진다.

이와 달리 DEX는 중앙기관 없이 스마트 계약을 위한 거래 알고리즘만으로 운영되어 법령·규제의 적용 대상 자체를 정하기 어렵다. 그 밖에 DeFi를 위한 소프트웨어 또는 탈중앙화 애플리케이션에서 가상자산 매매·교환의 중개 또는 파생상품 거래가 이루어진다.

참고 문헌 및 사이트

◆ 참고 문헌

HM Revenue & Customs, HM Revenue & Customs Brief 9 (2014), 3 March 2014

국세청 보도자료(2023.9.20.), "해외 가상자산 131조 원, 국세청에 최초 신고".

국세청 보도자료(2024.7.2.), "국적세탁,가상자산 은닉,해외 원정진료 소득 탈루 국세청 추적 피하려는 역외 탈세백태".

국세청 보도자료(2025.3.15.), "비트코인 등 가상자산을 이용하여 재산을 은닉한 고액체납자 2,416명, 366억 원 현금징수·채권확보".

금융위원회 보도자료(2023.12.21.), "가상자산 회계·공시 규율이 강화됩니다".

금융위원회 보도자료(2024.11.1.), "2024년 상반기 가상자산사업자 실태조사 결과".

금융위원회 보도자료(2024.6.11.), "NFT(Non-Fungible Token)가 가상자산에 해당하는지 판단할 수 있는 가이드라인을 마련하였습니다".

금융위원회 보도자료(2025.2.14.), "가상자산·불법사금융 관련 자금세탁 대응 강화 현황 및 계획".

금융위원회 보도자료(2025.5.2.), "6월부터 비영리법인과 가상자산거래소의 가상자산 매도가 가능해집니다".

금융위원회 보도자료(2025.7.17.), "내일(7.19일)부터 「가상자산이용자보호법」이 시행됩니다".

김범준(서울시립대학교 법학전문대학원)·김석환(강원대학교 법학전문대학원), "가상자산 소득과세의 쟁점과 입법 과제", 사법 66호(2023년 12월), pp. 3-48.

세정일보, "[세미콜론] 가상자산거래소 세무조사 완패, 무엇이 문제였나?", 2024.4.24.

신병진, 《가상자산과 조세》, 삼일인포마인, 2023.

이소현, "가상자산 과세제도 개선방안에 관한 연구", 연세대학교 법무대학원 조세법 전공 석사논문, 2022. 12.

이은미·윤태화, "가상자산 취득 및 NFT 판매에 따른 소득세 과세 방안 연구", 세무와회계연구(통권 제35호 [제12권, 제4호]), 2023.11.14.

이장원·이성호·박재영, 《부의 이전 확장판》, 체인지업, 2024.

◆ 참고 사이트

국세법령정보시스템 taxlaw.nts.go.kr/index.do

국세청 www.nts.go.kr/

국토교통부 www.molit.go.kr/

금융감독원 www.fss.or.kr/fss/main/main.do?menuNo=200000

금융위원회 www.fsc.go.kr/index

금융정보분석원 www.kofiu.go.kr/kor/main.do

기획재정부 www.moef.go.kr/main.do

한국은행 www.bok.or.kr/portal/main/main.do

행정안전부 www.mois.go.kr/frt/a01/frtMain.do

모르면 끝장나는 코인투자 세금

초판 1쇄 발행 2025년 6월 13일

© 이장원, 2025

지은이 이장원
펴낸곳 거인의 정원
출판등록 제2023-000080호(2023년 3월 3일)
주소 서울특별시 강남구 영동대로602, 6층 P257호
이메일 nam@giants-garden.com